HEINRICH HÜBNER

Interdependenzen zwischen konkurrierenden Unterhaltsansprüchen

Schriften zum Bürgerlichen Recht

Band 91

Interdependenzen zwischen konkurrierenden Unterhaltsansprüchen

Von

Dr. Heinrich Hübner

DUNCKER & HUMBLOT / BERLIN

CIP-Kurztitelaufnahme der Deutschen Bibliothek

Hübner, Heinrich:
Interdependenzen zwischen konkurrierenden
Unterhaltsansprüchen / von Heinrich Hübner. —
Berlin: Duncker und Humblot, 1984.
  (Schriften zum Bürgerlichen Recht; Bd. 91)
  ISBN 3-428-05663-9

NE: GT

D 21
Alle Rechte vorbehalten
© 1984 Duncker & Humblot, Berlin 41
Gedruckt 1984 bei Buchdruckerei Bruno Luck, Berlin 65
Printed in Germany
ISBN 3-428-05663-9

Inhaltsverzeichnis

Einleitung

I. Themenstellung 11
II. Die Berechtigten-Konkurrenz in der Systematik des Unterhaltsrechts 11
III. Terminologie 12

Erstes Kapitel

Die konkurrierenden Ansprüche

§ 1 Sonstige Verbindlichkeiten 13

Vorbemerkung 13

A. Einteilung der konkurrierenden Ansprüche 13

  I. Sonstige Verpflichtungen 13
  II. Differenzierung zwischen Unterhaltsansprüchen und sonstigen Verbindlichkeiten 14
   1. Die Rechtsnatur der Unterhaltsansprüche als Differenzierungskriterium 14
   2. Die Abhängigkeit der Ansprüche von der Leistungsfähigkeit als Differenzierungskriterium 15
  III. Einordnung einzelner Ansprüche 15
   1. § 844 Abs. 2 16
   2. Entbindungskosten, § 1615 k 16
   3. Unterhaltsbeitrag gemäß § 60 EheG, § 1611 Abs. 1 S. 1 16
   4. Vertragliche Ansprüche 17
   5. Unterhalt für die Vergangenheit 18
   6. Regreßansprüche 19
   7. Schuldrechtlicher Versorgungsausgleich 20

B. Zur Berücksichtigung sonstiger Verbindlichkeiten 21

Zweites Kapitel

Der Bedarf der Berechtigten

Einleitende Vorbemerkung	23
§ 2 Das Maß des Unterhalts	23
A. Angemessener Unterhalt	23
B. Der Maßstab zur Beurteilung der Angemessenheit — die Lebensstellung	24
I. Bestimmende Gesichtspunkte	25
II. Subjektive oder objektive Betrachtungsweise	26
III. Selbständige oder abgeleitete Lebensstellung	27
1. Die Lebensstellung der Kinder	27
2. Die Lebensstellung der Ehegatten und die ehelichen Lebensverhältnisse	28
IV. Abgeleitete Lebensstellung und Selbstbehalt des Verpflichteten	29
V. Sättigungsgrenze	30
C. Auswirkungen konkurrierender Unterhaltsansprüchen auf das Maß des Unterhalts	32
§ 3 Die Bedarfsermittlung — eine kritische Bestandsaufnahme der üblichen Verfahren	33
A. Die abstrakte oder pauschalierende Bedarfsermittlung	33
B. Die einzelnen Verfahren zur Bedarfsermittlung	34
I. Kritischer Überblick	34
II. Die Bedarfsermittlung im einzelnen	37
1. Kindesbedarf	37
a) Bedarfsfestsetzung durch Zuschlag zum Regelunterhalt	38
b) Entwicklung der Bedarfssätze bei steigender Lebensstellung des Verpflichteten	38
2. Der Bedarf der Ehegatten — Quotenverfahren	39
a) Elementarbedarf	40
b) Vorsorgebedarf	40
§ 4 Vorschlag zur interdependenzengerechten Bedarfsermittlung	42
Vorbemerkung	42

A. Der Vorschlag im einzelnen 43

    I. Wahl der Basisbedarfssätze 43

    II. Bedarfsermittlung anhand eines Index für die Lebensstellung (I_L) 43

        1. Die Ermittlung des Index für die Lebensstellung — Grundkonstellation 44
        2. Bedarfsermittlung bei Divergenzen zwischen den Lebensstellungen der Beteiligten 45
            a) Der Selbstbehalt des Verpflichteten 45
            b) Originäre oder fixierte Lebensstellung eines Berechtigten 46
        3. Ermittlung des Vorsorgebedarfs 46

B. Zur Kritik des vorgeschlagenen Verfahrens 47

Zusammenfassung zum zweiten Kapitel 48

Drittes Kapitel

Die Leistungsfähigkeit des Verpflichteten in Konkurrenzsituationen

Einleitende Vorbemerkung 50

§ 5 Die Leistungsfähigkeit des Verpflichteten — konkurrenzrelevante Einzelfragen 51

Vorbemerkung 51

    A. Der Selbstbehalt des Verpflichteten 52

        I. Begriff und Funktion des Selbstbehaltes 52
            1. Stufen des Selbstbehaltes 52
                a) Angemessener, notwendiger und billiger Selbstbehalt .. 52
                b) Der Begriff der Angemessenheit im Rahmen der Leistungsfähigkeit 53
            2. Selbstbehalt und das Verhältnis zwischen den Lebensstellungen des Verpflichteten und des Berechtigten 54
            3. Mittelbare Unterhaltspflichten 55
                a) Versagung des Selbstbehaltes? 55
                b) Mittelbare Unterhaltspflicht aufgrund Differenz zwischen angemessenem Unterhalt und reduziertem Selbstbehalt? 56
            4. Selbstbehalt gegenüber Vorsorgebedarf 57
        II. Funktionelle Zusammenhänge zwischen dem Rang des Berechtigten und dem Selbstbehalt des Verpflichteten 58

Inhaltsverzeichnis

      1. Schluß vom Rang des Unterhaltsanspruchs auf die Höhe des Selbstbehaltes? 58
      2. Zum Verhältnis der §§ 1576, 1582 59

B. Die Berücksichtigung des Kindergeldes im Unterhaltsrecht 60

   I. Die Konsequenzen der Kindergeldzahlungen für die Familienlasten 60

   II. Zur Höhe des Ausgleichsbetrages zwischen den Kindergeldberechtigten 62
      These I 63
      These II 63
      1. Ausgleich für die älteren Kinder 64
      2. Ausgleich für die jüngeren Kinder 65
        a) § 1615 g 65
        b) Sonstige Fälle 66
      These III 66
      1. Grundsätzlich zum Zählkindvorteil 66
      2. Der Zählkindvorteil im Rahmen des § 4 RegUnterhV 67

   III. Auswirkungen von Kindergeldzahlungen auf Unterhaltsansprüche mittelbar Begünstigter 68
      1. Kindergeld und Leistungsfähigkeit 68
      2. Auswirkungen des Progressionsvorteils auf die Ansprüche der Kinder in Mangelfällen 70

C. Sicherung personengebundener Vorteile 70

   I. Problemstellung 70

   II. Lösung 71

§ 6 Der Rang der Berechtigten 73

A. Die Rangverhältnisse 73

   I. Der Rang der Verwandten untereinander 73

   II. Der Rang der Ehegatten 74
      1. Der Rang des Ehegatten im Verhältnis zu den Verwandten des Unterhaltspflichtigen 74
      2. Das Rangverhältnis zwischen mehreren berechtigten Ehegatten 75
        a) Scheidung nach altem Recht 75
        b) Scheidung nach dem 1. EheRG — § 1582 77

   III. Rangverhältnis zwischen geschiedenem, neuem Ehepartner und minderjährigen unverheirateten Kindern des Verpflichteten aus erster und zweiter Ehe 78
      1. Gleichrang 78
      2. Vorrang des geschiedenen Ehegatten 78

Inhaltsverzeichnis

      a) Gesetzliche Regelung 78
      b) Relativer Vorrang des geschiedenen Ehegatten? 78
      c) Lösung 80

  IV. Der Rang der Mutter eines nichtehelichen Kindes 81

  V. Der Rang der Unterhaltsansprüche in der Zwangsvollstreckung 81

    1. Das Verhältnis der Rangordnung zum Prioritätsprinzip ... 81
    2. Die Sicherung des Ranges in der Zwangsvollstreckung 82
      a) Nur ein Unterhaltsgläubiger vollstreckt 83
        aa) Vorrang des vollstreckenden Gläubigers 83
        bb) Nachrang des vollstreckenden Gläubigers 83
        cc) Gleichrang des vollstreckenden Gläubigers 83
      b) Vollstreckung durch mehrere Unterhaltsgläubiger nacheinander 84

B. Konkurrenz gleichrangiger Berechtigter im Fall beschränkter Leistungsfähigkeit 84

  I. Ermittlung der Einsatzbeträge 84

    1. Bedarf 84
    2. Einfluß der Bedürftigkeit auf die Ermittlung der Einsatzbeträge 85

  II. Zum Begriff des Gleichrangs 86

C. Konkurrenz verschiedenrangiger Berechtigter im Fall beschränkter Leistungsfähigkeit 86

§ 7 Der Rang der Bedürfnisse 88
Vorbemerkung 88

A. Problemstellung 88

  I. Gleichrang als Grundsatz — Ausnahmen 88
  II. Methodik 89
  III. Einordnung der Problematik in die gesetzliche Konkurrenzregelung 91

B. Divergierende Bewertung einzelner Bedürfnisse — Einzelfälle .. 91

  I. Das Verhältnis Betreuungs-/Barbedarf und die sogenannten „Hausmann"-Fälle 91

    1. Der Rang des Betreuungsbedarfs 91
    2. Die sogenannte „Hausmann"-Problematik 93
      a) Haushaltsführung in der neuen Ehe 93
      b) Haushaltsführung und Betreuung von Kindern aus zweiter Ehe 94

  II. Das Verhältnis Elementar-/Vorsorgebedarf 95

　　　　III. Das Verhältnis Elementarbedarf/Ausbildungskosten 96
　　　　　　1. Vorrang des Elementarbedarfs 98
　　　　　　2. Ausmaß des Rangunterschiedes 99

　　C. Praktische Behandlung von Rangunterschieden zwischen einzelnen
　　　　Bedürfnissen 100
　　　　I. Qualitativ gleichartige Bedürfnisse — Vorsorgebedarf, Ausbildungskosten 100
　　　　II. Qualitativ unterschiedliche Bedürfnisse — Betreuungsbedarf 100

Zusammenfassung zum dritten Kapitel 101

Schlußbetrachtung:

**Abstimmung der konkurrenzrelevanten Strukturelemente
　　des Unterhaltsanspruchs aufeinander**　　　　102

Literaturverzeichnis　　　　　　　　　　　105

Einleitung[1]

I. Themenstellung

Die vorliegende Arbeit befaßt sich mit wechselbezüglichen Abhängigkeiten zwischen konkurrierenden Unterhaltsansprüchen[2], die mehrere Berechtigte gegen denselben Verpflichteten erheben. Nicht von zentraler Bedeutung hierfür ist das Konkurrenzverhältnis unter mehreren Verpflichteten: Steht einem Berechtigten ein realisierbarer Anspruch gegen einen anderen, vorrangig Verpflichteten zu, so scheidet er zwar mangels Bedürftigkeit aus dem Kreis der Konkurrenten aus; wie eine ganze Reihe weiterer denkbarer Fragen[3], die für die Entstehung von Unterhaltsansprüchen relevant sind, hängt auch die Verpflichteten-Konkurrenz mit der hier zu untersuchenden Problematik allenfalls mittelbar zusammen.

II. Die Berechtigten-Konkurrenz in der Systematik des Unterhaltsrechts

Weit verbreitet scheint die Ansicht zu sein, daß die Konkurrenz unter mehreren Berechtigten nur in Mangelfällen virulent wird[4]. Diese Ansicht erfaßt die Problematik jedoch nicht vollständig, wenngleich aus der Sicht der Betroffenen eine schwerpunktmäßige Behandlung dieser Fälle verständlich ist. Die meisten Unterhaltsansprüche dürften im Rahmen der Kleinfamilie[5] erhoben und befriedigt werden. Für diese Fälle ist kennzeichnend, daß die Bedarfshöhe des einzelnen Berechtigten auch von den Bedürfnissen der Konkurrenten abhängt[6]. Damit zeigt sich, daß das Strukturelement „Leistungsfähigkeit" die Problematik nicht allein

---

[1] Paragraphen ohne Gesetzesbezeichnung sind solche des BGB.

[2] Gesetzliche Unterhaltsansprüche können auf folgenden Normen beruhen: §§ 1601 ff., 1360, 1360 a, 1361, 1569 ff. und auch auf den §§ 58 ff. EheG (vgl. Art. 12 Nr. 3 1. EheRG).

[3] Vgl. etwa die Einwendungen, die auf Besonderheiten im Verhältnis Verpflichteter—Berechtigter beruhen: §§ 1611, 1579 Abs. 1; § 66 EheG.

[4] Brüggemann, 2. DFGT, S. 71, 78: „Erst die Mangellage ruft die Verteilungsgerechtigkeit auf den Plan"; ders., a.a.O., S. 83: „In der Praxis dominiert ... die Notwendigkeit, den Mangel zu verteilen ..."; Buchholz Rpfleger 1948/49, 487; Müller-Freienfels, Festschr. Beitzke, S. 311, 333; Hampel FamRZ 1979, 249.

[5] Zum Begriff vgl. Gernhuber FamR § 1 I 2., S. 2.

[6] Vgl. i. e. unten § 2 C.

zu bewältigen vermag. Auch die Bedarfsermittlung hat für „Verteilungsgerechtigkeit" zu sorgen.

Damit ist der Gang der Darstellung im wesentlichen vorgezeichnet. Gegenstand des Hauptabschnitts bildet die Erörterung der Konkurrenzlage im Rahmen der Strukturelemente „Bedarf" und „Leistungsfähigkeit". Vorweg soll jedoch — wenngleich diese Fragen systematisch der Leistungsfähigkeit zuzuordnen sind — die Abgrenzung der Unterhaltsansprüche von den sogenannten sonstigen Verbindlichkeiten und deren Konsequenz angesprochen werden[7].

III. Terminologie

Von Berechtigten, Verpflichteten und Unterhaltsansprüchen im strengen Wortsinn kann erst dann gesprochen werden, wenn Ansprüche tatsächlich bestehen. Im Rahmen der vorliegenden Arbeit seien diese Begriffe in einem weiteren Sinne verstanden: auch potentiell Berechtigte oder Verpflichtete und der mögliche Unterhaltsanspruch sollen auf diese Weise bezeichnet werden, ohne daß bereits feststeht, daß die sachlichen Voraussetzungen der Unterhaltspflicht gegeben sind[8].

---

[7] Diese Vorgehensweise erlaubt im Hauptteil eine Beschränkung auf Unterhaltsansprüche.

[8] Die Arbeit orientiert sich insoweit an Göppinger / Häberle Rz 1001.

Erstes Kapitel

Die konkurrierenden Ansprüche

§ 1 Sonstige Verbindlichkeiten

Vorbemerkung

Bereits in der Einleitung wurde darauf hingewiesen[1], daß — um einer Konzentration auf die zentrale Themenstellung willen — die sonstigen Verbindlichkeiten vorweg in einem eigenen Abschnitt erörtert werden sollen. Dennoch sei nochmals in Erinnerung gerufen, daß es sich bei den hier anstehenden Fragen um solche aus dem systematischen Komplex der Leistungsfähigkeit handelt, somit die zu erörternden Fragen stets nur unter der Prämisse der beschränkten Leistungsfähigkeit des Verpflichteten relevant werden.

A. Einteilung der konkurrierenden Ansprüche

I. Sonstige Verpflichtungen

Erhebt ein Berechtigter gegen den Verpflichteten einen Unterhaltsanspruch, so ist dieser Anspruch — Bedarf und entsprechende Bedürftigkeit vorausgesetzt — von der Leistungsfähigkeit des Verpflichteten abhängig. Insoweit sind außer dem Unterhalt des Verpflichteten, dem sogenannten Selbstbehalt, die „sonstigen Verpflichtungen" des Verpflichteten zu berücksichtigen[2]. Der Begriff der sonstigen Verpflichtungen umfaßt zwei Kategorien von Ansprüchen: gemeint sind zunächst andere Unterhaltspflichten des Verpflichteten[3], sodann die sogenannten

---

[1] Vgl. oben Einl. II.
[2] Vgl. die §§ 1603 Abs. 1, 1581 S. 1; § 59 Abs. 1 S. 1 EheG.
[3] Soergel/Häberle § 1581 Rz 8; MünchKomm-Richter § 1581 Rz 10, 11; MünchKomm-Köhler § 1603 Rz 17; Schwab, Handbuch, Rz 342. Die insoweit regelmäßig anzutreffende Einschränkung, daß nachrangige Unterhaltspflichten nicht zu den sonstigen Verpflichtungen zählen, ist systematisch nicht ganz korrekt. Der Rang der Ansprüche betrifft allein das Ausmaß der Berücksichtigung gegenüber dem erhobenen Anspruch; a. A. Göppinger/Wenz Rz 1154; vgl. i. ü. unten II.

sonstigen Verbindlichkeiten[4]. Letztere lassen sich lediglich negativ dahin umschreiben, daß sie — jedenfalls soweit die Leistungsfähigkeit des Verpflichteten zu beurteilen ist[5] — eben keine Unterhaltsansprüche darstellen.

Das Gesetz regelt die Berücksichtigung anderer Unterhaltspflichten detailliert; vor allem[6] die Position der einzelnen Berechtigten in der gesetzlichen Rangordnung entscheidet nicht nur über die Durchsetzbarkeit, sondern über die Entstehung des Anspruchs[7]. Demgegenüber fehlt für die sonstigen Verbindlichkeiten eine derartige Konkretisierung. Diese vom Gesetz vorgesehene divergierende Behandlung erfordert es, beide Kategorien voneinander zu sondern.

II. Differenzierung zwischen Unterhaltsansprüchen und sonstigen Verbindlichkeiten

1. Die Rechtsnatur der Unterhaltsansprüche als Differenzierungskriterium

Eine Differenzierung an Hand der Rechtsnatur des Unterhaltsanspruchs dürfte aus mehreren Gründen kaum praktikabel sein. Zum einen ist der Begriff des Unterhaltsanspruchs keineswegs geklärt; so ist vor allem umstritten, ob die Zweckbindung[8] des Anspruchs zu seinem Inhalt gehört[9]. Zum anderen knüpfen an den Begriff des Unterhaltsanspruchs die verschiedensten Regelungen an[10], so daß es fraglich ist, ob eine einheitliche Definition diesen unterschiedlichen Anforderungen gerecht werden könnte. Demgegenüber scheint es zweckmäßig zu sein, die Differenzierung von den im konkreten Fall relevanten Kriterien abhängig zu machen[11].

---

[4] Soergel / Häberle § 1581 Rz 9; MünchKomm-Richter § 1581 Rz 12; MünchKomm-Köhler § 1603 Rz 18.

[5] Vgl. i. e. unten II.

[6] Vgl. aber auch unten die Fälle im Rahmen des § 7 B.

[7] Die fehlende Leistungsfähigkeit begründet eine rechtshindernde Einwendung, Soergel / Herm. Lange § 1603 Rz 16.

[8] Deckung des — nur des gegenwärtigen? — Lebensbedarfs; vgl. unten III 5. Fn. 37.

[9] Dafür: Mot. IV, S. 705; Staudinger / Gotthardt § 1603 Rz 2; Göppinger / Häberle Rz 53 sowie Göppinger / Göppinger Rz 1302; Brüggemann, Festschr. Bosch, S. 89, 91; dagegen: Soergel / Herm. Lange § 1613 Rz 2; Gernhuber FamR § 41 IX 1., S. 619 Fn. 2.

[10] Vgl. etwa die Pfändbarkeit, Abtret- und Aufrechenbarkeit gem. § 850 b Abs. 1 Nr. 2 ZPO, §§ 400, 394 BGB; die Pfändungsprivilegien: § 850 d ZPO; Zuständigkeit des Familiengerichts: § 23 b Abs. 1 S. 2 Nr. 5, 6 GVG, § 621 Abs. 1 Nr. 4, 5 ZPO; vorläufige Vollstreckbarkeit: § 708 Nr. 8 ZPO.

[11] BGH FamRZ 1982, 50; 758; NJW 1982, 515, 516.

2. Die Abhängigkeit der Ansprüche von der Leistungsfähigkeit als Differenzierungskriterium

Das für die Differenzierung maßgebende Kriterium ergibt sich aus der richtigen systematischen Einordnung der vom Gesetz für Unterhaltsansprüche vorgesehenen Konkurrenzregelung. Während sonstige Verbindlichkeiten unabhängig voneinander entstehen und sich entwickeln können[12], bewirkt die von dem Strukturelement Leistungsfähigkeit und den damit verbundenen Detailregelungen gesteuerte Verknüpfung der Unterhaltsansprüche eine gegenseitige Beeinflussung bereits der Entstehung. Diese genetische Abhängigkeit der Unterhaltsansprüche hat eine weitere Besonderheit zur Folge. So ist es grundsätzlich ausgeschlossen, daß an den Verpflichteten Unterhaltsansprüche gestellt werden, die er nicht befriedigen kann. Eine Überschuldung als Folge einer Überbürdung mit Unterhaltspflichten scheidet aus.

Diese Eigenart der Unterhaltsansprüche scheint mir für die Konkurrenzproblematik entscheidend zu sein. Nur dann und insoweit, als Ansprüche in ihrer Entstehung von der Leistungsfähigkeit des Anspruchsgegners abhängig sind, können sie als Unterhaltsansprüche mit anderen Ansprüchen konkurrieren[13].

Wenngleich damit das maßgebliche Differenzierungskriterium genannt ist, kann nicht behauptet werden, daß damit in allen Fällen die Unterscheidung zu bewältigen sei. So gibt es andere Ansprüche, die von der Leistungsfähigkeit des Schuldners beeinflußt werden[14]. Auch diese Ansprüche müssen von Unterhaltsansprüchen getrennt werden können. In diesen und weiteren zweifelhaften Fällen können ergänzend vor allem die familiäre Grundlage[15] sowie die Zweckbindung des Unterhaltsanspruchs herangezogen werden[16].

III. Einordnung einzelner Ansprüche

Anhand der oben dargelegten Differenzierungskriterien sollen nun einzelne Ansprüche in die Kategorien der Unterhaltsansprüche einerseits und der sonstigen Verbindlichkeiten andererseits eingruppiert werden.

---

[12] Das Leistungsvermögen beeinflußt i. d. R. nur ihre faktische Durchsetzbarkeit.

[13] M. E. handelt es sich hierbei um ein Strukturmerkmal, das für den Begriff des Unterhaltsanspruchs unverzichtbar ist, vgl. auch Gernhuber FamR § 30 XII 3., S. 422 Fn. 4.

[14] Vgl. etwa §§ 519, 829.

[15] Unterhaltsansprüche setzen Verwandtschaft in gerader Linie — § 1601 — oder eine Ehe voraus — §§ 1360, 1360 a, 1361, 1569 ff.; §§ 58 ff. EheG.

[16] Vgl. bereits oben II 1. Fn. 8.

1. § 844 Abs. 2[17]

Der Anspruch aus § 844 Abs. 2 ist zwar abhängig von der Leistungsfähigkeit; dies gilt allerdings nur für die Leistungsfähigkeit des Getöteten. Die des Ersatzpflichtigen hat für den Ersatzanspruch grundsätzlich keine Bedeutung[18]. Es handelt sich damit um eine sonstige Verbindlichkeit. Dasselbe Ergebnis folgt auch aus dem gegenüber dem entzogenen Unterhaltsanspruchs veränderten Zweck des Anspruchs. Die Ersatzfunktion steht im Vordergrund; die Alimentation ist nur noch mittelbares Ziel des Anspruchs[19].

2. Entbindungskosten, § 1615 k

Der Anspruch auf Erstattung der Entbindungskosten ist nach h. M. ein Entschädigungsanspruch eigener Art[20]. Dennoch wird vertreten, daß auf diesen Anspruch einzelne unterhaltsrechtliche Normen entsprechend anzuwenden seien[21]. Dies kann jedenfalls für die vorliegend zu klärende Frage nicht gelten, da dieser Anspruch weder von der Bedürftigkeit des Berechtigten, noch von der Leistungsfähigkeit des Verpflichteten abhängt[22]. Es handelt sich um eine sonstige Verbindlichkeit[23].

3. Unterhaltsbeitrag gemäß § 60 EheG, § 1611 Abs. 1 S. 1

Unabhängig von dem — im Hinblick auf § 60 EheG bestehenden — Streit um die Rechtsnatur dieses Anspruchs[24], ist doch unzweifelhaft, daß für die Höhe des Beitrags auch die Leistungsfähigkeit des Verpflichteten maßgeblich ist. Es handelt sich, jedenfalls was die Konkurrenz mit anderen Ansprüchen angeht, um einen Unterhaltsanspruch[25].

---

[17] Vgl. auch die entsprechenden Vorschriften der § 5 Abs. 2 S. 1 HpflG, § 10 Abs. 2 S. 1 StVG, § 35 Abs. 2 S. 1 LuftVG, § 28 Abs. 2 S. 1 AtomG.

[18] Vgl. aber § 829.

[19] Ganz h. M.; RGZ 74, 274, 275 f.; 151, 101, 103; BGH LM § 844 Abs. 2 Nr. 2 m. Anm. Pagendarm; RGRK-Boujong § 844 Rz 23; MünchKomm-Mertens § 844 Rz 16.

[20] Soergel / Herm. Lange § 1615 k Rz 3; Gernhuber FamR § 60 I 1., S. 943.

[21] Koerting MDR 1971, 263.

[22] Soergel / Herm. Lange § 1615 k Rz 3.

[23] Demgegenüber gewährt § 1615 l unstreitig einen Unterhaltsanspruch; zu seinem Rang vgl. unten § 6 A. IV mit Fn. 62.

[24] M. E. handelt es sich um einen Unterhaltsanspruch; allein die Tatsache, daß keine volle Bedarfsdeckung gefordert werden kann, ändert nichts am grundsätzlich bestehenden Alimentationszweck; ebenso Göppinger / Wenz Rz 251; Furler S. 18; BGH FamRZ 1979, 1005, 1006; a. A. Hoffmann / Stephan § 60 EheG Rz 6; Soergel / Häberle vor § 1569 Rz 43; Erman / Ronke § 60 EheG Rz 4.

[25] Für § 1611 wohl unstr., für § 60 EheG vgl. Göppinger / Wenz Rz 251.

4. Vertragliche Ansprüche

Unzweifelhaft als sonstige Verbindlichkeiten einzuordnen sind Ansprüche, die allein auf einer vertraglichen Grundlage beruhen[26], sei es, daß ein gesetzlicher Unterhaltsanspruch mangels familiärer Beziehungen nicht entstehen kann[27], sei es, daß die Beteiligten im Wege der Novation einen von der gesetzlichen Grundlage unabhängigen Anspruch herbeiführen wollen.

Modifizieren dagegen die Vertragsparteien einen bestehenden gesetzlichen Anspruch[28], so ist dessen Kategorisierung nicht unproblematisch. Während ein — ganzer oder teilweiser — Verzicht konkurrierende Berechtigte lediglich begünstigt, besteht in diesen Fällen die Gefahr, daß zu Lasten der Konkurrenten disponiert wird. Die vom Gesetz vorgesehene Konkurrenzregelung, die Rangordnung, ist starr und bietet grundsätzlich keine Handhabe, einen einmal als gesetzlich eingestuften Unterhaltsanspruch einer Interessenabwägung zuzuführen. Andererseits ergibt sich aus dem Gesetz die Höhe des Unterhaltsanspruchs nicht auf Heller und Pfennig genau[29]. Es sind durchaus berechtigte Interessen denkbar, die Vereinbarungen über die Höhe des Anspruchs rechtfertigen können. Zweckmäßig scheint es mir daher zu sein, eine Aufspaltung in einen teils gesetzlichen und einen teils vertraglichen Anspruch[30] von einer Abwägung der beteiligten Interessen auch der Konkurrenten abhängig zu machen, für die der übergeordnete Begriff der Berücksichtigung den tatbestandlichen Rahmen bildet[31]. Kein Raum für eine Anwendung der unterhaltsspezifischen Konkurrenzregeln besteht allerdings für Ansprüche, die von der Leistungsfähigkeit des Verpflichteten völlig losgelöst sind[32]. Diesen Ansprüchen fehlt das für konkurrierende Unterhaltsansprüche typische Charakteristikum, so daß sie allein durch die Einordnung als sonstige Verbindlichkeiten adäquat behandelt werden können.

---

[26] Soergel / Herm. Lange, vor § 1601 Rz 6; vgl. für die Zwangsvollstreckung Stein / Jonas / Münzberg § 850 d Abs. 1 ZPO Anm. D 2 b γ.

[27] Stiefkinder, Verschwägerte, Geschwister.

[28] Zur Abgrenzung von gesetzlichen Ansprüchen vgl. Gernhuber FamR § 30 XII 3., S. 421 f.

[29] Göppinger / Göppinger Rz 1615.

[30] Vgl. hierzu Göppinger / Göppinger Rz 1615; Furler S. 129: „Nur eine offensichtliche und starke Überschreitung der durch Leistungsfähigkeit und Bedürftigkeit gezogenen Grenzen kann die Annahme einer vertraglichen Rente rechtfertigen." Diese Formulierung trägt m. E. den Interessen der Konkurrenten nicht hinreichend Rechnung.

[31] Vgl. auch unten B.

[32] In diesen Fällen kann man sich freilich fragen, ob nicht die rechtliche Grundstruktur und damit ein Identitätsmerkmal des Unterhaltsanspruchs aufgegeben wird, vgl. Gernhuber FamR § 30 XII 3., S. 422 Fn. 4, und bereits oben II. 2. Fn. 13.

5. Unterhalt für die Vergangenheit

Die Problematik der Unterhaltsansprüche, die für die Vergangenheit geltend gemacht werden können[33], besteht darin, daß sie sich — auch bereits über kurze Zeiträume hinweg — zu Forderungen summieren können, deren Erfüllung auch das Leistungsvermögen bessergestellter Verpflichteter erschöpfen kann. Dies führt sowohl zu einer extremen Belastung des Verpflichteten[34], als auch — je nach Beurteilung der vorliegend zu klärenden Frage — zu einer drastischen Benachteiligung konkurrierender Berechtigter[35].

Über die Rechtsnatur dieses Anspruchs besteht Streit. Sieht man den Zweck des Unterhaltsanspruchs nur in der Deckung des gegenwärtigen oder laufenden Bedarfs[36] und rechnet man diese Zweckbindung zum Inhalt des Anspruchs[37], so kann ein Anspruch auf Deckung eines ehemaligen Bedarfs kein Unterhaltsanspruch sein[38]. Aber auch das oben formulierte Differenzierungskriterium führt zu diesem Ergebnis. Zwar hängt auch der Anspruch auf Deckung eines ehemaligen Bedarfs von der Leistungsfähigkeit des Verpflichteten ab. Es differiert jedoch der zeitliche Bezugspunkt. Da der Unterhaltsanspruch in jeder neuen, kleinsten Zeiteinheit neu entsteht[39], hängt die Höhe des auf die Vergangenheit gerichteten Anspruchs von der zur damaligen Zeit gegebenen Leistungsfähigkeit ab, die von der gegenwärtigen erheblich abweichen kann. Der Anspruch ist durch die frühere Leistungsfähigkeit fixiert und kann von den gegenwärtigen konkurrierenden Ansprüchen in seiner Höhe nicht beeinflußt werden, während er umgekehrt diese Ansprüche beschränkt. Läßt man angesichts dieser Sachlage den Anspruch auf Deckung ehema-

---

[33] Vgl. §§ 1613 Abs. 1, 1360 a Abs. 3, 1361 Abs. 4 S. 4, 1615 d, 1585 b; § 64 EheG; vgl. auch § 850 d Abs. 1 S. 4 ZPO. Diese Ansprüche genießen generell einen schwächeren Schutz: ihre Geltendmachung ist von besonderen Voraussetzungen abhängig, auf sie kann unbeschränkt verzichtet werden. — §§ 1614 Abs. 1, 1615 e Abs. 1 S. 2; vgl. auch § 1615 i.

[34] Vgl. Soergel / Herm. Lange § 1613 Rz 2, § 1615 i Rz 2; Gernhuber FamR § 41 IX 1., S. 619; MünchKomm-Köhler § 1613 Rz 1; Göppinger / Häberle Rz 352; Ewert, S. 22; Engel, S. 31 f.

[35] Dieser Gesichtspunkt klingt in der amtlichen Begründung zum Regierungsentwurf zu § 1615 i an: BTDrs. V/2370, S. 54, 55; abgedr. bei Jansen / Knöpfel, S. 218 ff., 219.

[36] In praeteritum non vivitur; Staudinger / Gotthardt § 1613 Rz 2; vgl. zu dieser Parömie Ewert, Diss. München 1975.

[37] So Kroppholler FamRZ 1965, 413, 414 f.; Göppinger / Häberle Rz 352; Göppinger / Göppinger Rz 1302; Brüggemann, Festschr. Bosch, S. 89, 91; Ewert, S. 50 ff.; a. A. Soergel / Herm. Lange § 1613 Rz 2; Gernhuber FamR § 41 IX 1., S. 619 Fn. 2.

[38] Die Einschränkung von Göppinger und Häberle a.a.O. (Fn. 5) unter Hinweis auf möglichen Nachholbedarf überzeugt nicht: kann die Bedarfsdeckung nachgeholt werden, so existiert ein gegenwärtiger Bedarf.

[39] Soergel / Herm. Lange, vor § 1601 Rz 2.

ligen Bedarfs als Unterhaltsanspruch mit anderen konkurrieren, so führt dies zu einer faktischen Priorität jenes Anspruchs. Daß dies mit dem Zweck des Unterhaltsanspruchs — unabhängig von dem Streit um die dogmatische Einordnung der Zweckbindung — nicht vereinbar ist, liegt auf der Hand.

6. Regreßansprüche

Nicht unproblematisch ist auch die Frage, wie Regreßansprüche zu behandeln sind, die einen Ausgleich unter den verschiedenen Unterhaltspflichtigen herbeiführen sollen und auch praktisch häufig mit anderen Unterhaltsansprüchen konkurrieren. Während für einige Ansprüche deren Einordnung als sonstige Verbindlichkeiten nicht zweifelhaft ist[40], ist insbesondere in den Fällen der cessio legis[41] und der Überleitung durch Verwaltungsakt[42] die Rechtsnatur des Regreßanspruchs streitig[43].

Für die hier zu erörternde Problematik scheinen mir folgende Gesichtspunkte entscheidend zu sein:

— zunächst ist festzustellen, daß mit der cessio legis oder besonders im Falle der Überleitung der personale Bezug[44] des Unterhaltsanspruchs verlorengeht.

— Während beim Unterhaltsanspruch der Alimentationszweck dominiert, drängt nunmehr der Ausgleichzweck in den Vordergrund[45]. Daneben hat der Regreßanspruch gerade in den Fällen der Überleitung regelmäßig auch die Funktion, der Subsidiarität der öffentlichen Leistungen Geltung zu verschaffen[46]. Vor allem diese Funktion

---

[40] Rückgriffskondiktion, GoA, familienrechtlicher Ausgleichsanspruch.
[41] §§ 1607 Abs. 2 S. 2, 1608 S. 3, 1584 S. 3, 1615 b Abs. 1 S. 1; § 63 Abs. 2 S. 2 EheG; § 7 Abs. 1 S. 1 UVG.
[42] §§ 90, 91 BSHG; § 37 BAföG; § 140 AFG; vgl. auch § 82 JWG.
[43] Regreßanspruch ist Unterhaltsanspruch: Beitzke FamR § 24 V 2 b, S. 208; Kroppholler FamRZ 1965, 413, 416; Göppinger / Göppinger Rz 1456; BGH FamRZ 1982, 50; 1981, 758. Der BGH will sich jedoch unabhängig von dieser Frage am Zweck der konkret einschlägigen Norm orientieren. Die Auffassung, daß der Regreßanspruch seine Rechtsnatur als Unterhaltsanspruch verliert, vertreten Soergel / Herm. Lange § 1607 Rz 3 m. Nachw. aus der Rspr., § 1615 b Rz 8; MünchKomm-Köhler § 1607 Rz 7, § 1615 b Rz 3; Staudinger / Gotthardt § 1607 Rz 25 m. umfangreichen Nachw.; Gernhuber FamR § 41 V 4., S. 608 f.; Odersky, Anh. zu § 1615 a, § 1607 Anm. IV. 1. a; Soergel / Donau, 10. Aufl., § 63 EheG Rz 8; Hoffmann / Stephan § 63 EheG Rz 19; unklar AK-BGB-Derleder § 1607 Rz 4.
[44] Vgl. bereits oben II. 2. Fn. 15.
[45] Vgl. bereits Grethlein, S. 57 f., 143; Engel, S. 30 f.
[46] Vgl. auch den Fall der cessio legis in § 7 Abs. 1 S. 1 UVG; BVerwGE 34, 219, 222; Grethlein, S. 143 zu § 21 a FürsPflVO; Moritz JZ 1980, 16, 17; Paulus FamRZ 1981, 640, 641.

spricht gegen eine Behandlung der Regreßansprüche als Unterhaltsansprüche, da die damit verbundene Kürzung konkurrierender Ansprüche möglicherweise die Voraussetzung für neue Sozialleistungen schaffen würde.

— Häufig wird ein Regreßanspruch auf Ersatz für die Deckung ehemaligen Bedarfs hinauslaufen[47], so daß die oben angeführten Bedenken auch in diesem Zusammenhang zu berücksichtigen sind[48].

Unabhängig von der Frage, ob der Regreßanspruch im Einzelfall von der Leistungsfähigkeit des Verpflichteten abhängt, erlauben es die genannten Gesichtspunkte allein, ihn in die Gruppe der sonstigen Verbindlichkeiten einzuordnen.

7. Schuldrechtlicher Versorgungsausgleich

Zweifelhaft ist auch das Verhältnis von Unterhaltsansprüchen zum schuldrechtlichen Versorgungsausgleich. Dies gilt um so mehr, wenn diesem Rentenanspruch Unterhaltsersatzcharakter zuerkannt wird[49].

Es ist jedoch offensichtlich, daß — vom Ausnahmefall des § 1587 h Nr. 1 abgesehen — der Anspruch von Bedürftigkeit und Leistungsfähigkeit nicht abhängig ist[50], sondern sich allein am Wertausgleich orientiert[51]. Damit fehlen ihm wesentliche, für Unterhaltsansprüche typische Strukturmerkmale, die gerade für die Konkurrenz von Unterhaltsansprüchen untereinander von zentraler Bedeutung sind[52]. Unter dem Gesichtspunkt der Unterhaltskonkurrenz[53] kommt letztlich nur eine Einordnung in die Kategorie der sonstigen Verbindlichkeiten in Betracht.

Während für den öffentlichrechtlichen Versorgungsausgleich, soweit er bisher[54] mittels Beitragszahlung gemäß § 1587 b Abs. 3 durchgeführt wurde, § 1587 d eine Konkretisierung dessen enthielt, was im Rahmen

---

[47] Vgl. etwa OLG Düsseldorf FamRZ 1981, 303, 304.
[48] Vgl. oben III. 5.
[49] So ausdrücklich — aus der Sicht des Berechtigten — Udsching, S. 248.
[50] Vgl. nur Gernhuber FamR § 28 VII 1., S. 362; Udsching, S. 162 f., 248.
[51] Vgl. §§ 1587 g Abs. 2, 1587 a.
[52] Vgl. oben II. 2.; das gilt auch für die Bedürftigkeit, die im Rahmen der Verpflichteten-Konkurrenz eine der Leistungsfähigkeit im Rahmen der Berechtigten-Konkurrenz entsprechende Funktion übernimmt.
[53] In anderem Zusammenhang kann sich möglicherweise anderes ergeben. So nehmen im Rahmen des § 844 Abs. 2 eine Gleichsetzung mit den dort angesprochenen gesetzlichen Unterhaltspflichten vor: MünchKomm-Mertens § 844 Rz 27; RGRK-Boujong § 844 Rz 32; Köhler, Handbuch, Rz 701, jedoch ohne eingehende Begründung.
[54] Vgl. nunmehr BVerfG FamRZ 1983, 342 und §§ 1, 2 des Gesetzes zur Vermeidung von Härten im Versorgungsausgleich vom 21. Februar 1983, BGBl. I S. 105.

der §§ 1603 Abs. 1, 1581 S. 1 unter „Berücksichtigung" zu verstehen ist, fehlt eine entsprechende Regelung für den schuldrechtlichen Versorgungsausgleich. Ruland / Tiemann wollen den Rechtsgedanken des § 1587 d Abs. 1 S. 1 auf diesen Fall übertragen[55]. Diese Auffassung, die im Gegensatz zur herrschenden Meinung[56] steht, verkennt einen grundlegenden Unterschied, der zwischen beiden Fällen besteht. Im Fall der Beitragszahlung gemäß § 1587 b Abs. 3 geht es darum, eine zukünftige Versorgung zu ermöglichen. Demgegenüber dient die Rentenzahlung gemäß § 1587 g Abs. 1 der gegenwärtigen Versorgung. Was im ersten Fall evident sinnvoll ist, läßt sich angesichts dieses Unterschiedes auf den zweiten nicht übertragen. Außerdem spricht folgende Erwägung für eine vorrangige Berücksichtigung des schuldrechtlichen Versorgungsausgleichs: Diese Form des Versorgungsausgleichs ist gegenüber der öffentlichrechtlichen Ausgestaltung subsidiär[57]; sie übernimmt eine Auffangfunktion[58]. Vor diesem Hintergrund scheint es mir nicht sinnvoll zu sein, dem Berechtigten neben der mit dem öffentlichrechtlichen Versorgungsausgleich verbundenen Eigenständigkeit der Versorgung ohne Not auch die mit dieser Ausgleichsform selbstverständlich verbundene Vorrangstellung[59] im Fall des schuldrechtlichen Ausgleichs vorzuenthalten.

B. Zur Berücksichtigung sonstiger Verbindlichkeiten

Im Gegensatz zu den Unterhaltsansprüchen, für die das Gesetz den Begriff der Berücksichtigung konkretisiert hat, fehlt für die sonstigen Verbindlichkeiten eine entsprechende Präzisierung. Daraus kann jedoch nicht der Schluß gezogen werden, sonstige Verbindlichkeiten würden stets vor den Unterhaltsansprüchen rangieren[60]. Vielmehr erfordert der

---

[55] Ruland / Tiemann Rz 633.

[56] Soergel / v. Hornhardt Vor § 1587 f Rz 4; ders. FamRZ 1979, 655, 656; Diederichsen NJW 1977, 353, 355; MünchKomm-Maier § 1587 g Rz 3; Göppinger / Göppinger Rz 191; Udsching, S. 246 ff., 249.

[57] § 1587 f Nr. 1—5; § 2 des Gesetzes zur Vermeidung von Härten im Versorgungsausgleich (Fn. 54).

[58] Gernhuber FamR § 28 VII 2., S. 362; Soergel / v. Hornhardt vor § 1587 f Rz 2; ders. FamRZ 1979, 655, 656.

[59] Zwar kommt es bei Durchführung des öffentlich-rechtlichen Versorgungsausgleichs nicht zu einer echten Konkurrenz, da der Berechtigte einen eigenen Anspruch gegen den Versicherungsträger erhält. Dennoch ist nicht zu übersehen, daß dem Verpflichteten gerade die entsprechenden Mittel entzogen werden und ihm diese zur Befriedigung von Unterhaltsansprüchen nicht zur Verfügung stehen.

[60] So jedoch Red.-Mot. der I. Kommission, IV., S. 1293, da sonst „... der Bedürftige in Wirklichkeit auf Kosten der Gläubiger seiner Verwandten unterhalten werden würde." Ähnlich Mot. IV, S. 685 f.: Der Vorrang der Unterhaltspflichten könne zu einer „Gefährdung des eigenen standesgemäßen Unterhaltes" führen. Vgl. auch Roth-Stielow FamRZ 1954, 103.

Begriff der Berücksichtigung[61] eine umfassende Abwägung der Interessen sämtlicher Beteiligter[62], also auch des Drittgläubigers[63]. Insoweit sind eine Vielzahl von Aspekten denkbar, die im Rahmen der Berücksichtigung Bedeutung erlangen können. So dürften neben allgemeinen Rechtsgrundsätzen[64] generell insbesondere Art, Anlaß und Umfang der eingegangenen Verbindlichkeiten zu würdigen sein[65]. Auch die Frage, wem der Gegenwert der Verbindlichkeit zufloß[66] oder nach der ursprünglichen Zielsetzung zugute kommen sollte, kann bedeutsam sein. Auf der Seite des Berechtigten dürfte es in der Regel — auch im Hinblick auf entsprechende Pfändungsgrenzen und -privilegien der §§ 850 c, d ZPO — gerechtfertigt sein, dem notwendigen Unterhalt den Vorrang einzuräumen[67].

---

[61] Es handelt sich um einen unbestimmten Rechtsbegriff, bei dessen Auslegung die wertsetzende Bedeutung auch der einschlägigen Grundrechte zu beachten ist; mittelbare Drittwirkung. Vgl. Dürig, Festschr. Nawiasky, S. 156, 176 ff.; sowie in Maunz / Dürig / Herzog / Scholz, Art. 1 Abs. 3 GG Rz 127 ff., 132. Unvertretbar ist es daher, einer der beteiligten Positionen ohne eine vorhergehende Abwägung den Vorrang einzuräumen.
Terminologisch ungenau ist die Differenzierung in berücksichtigungsfähige und nichtberücksichtigungsfähige Verbindlichkeiten, die weit verbreitet ist. Das Gesetz ordnet die Berücksichtigung sämtlicher Verbindlichkeiten an und meint damit eine Abwägung der widerstreitenden Belange; wie hier Staudinger / Gotthardt § 1603 Rz 27.

[62] Staudinger / Gotthardt § 1603 Rz 27; Buchholz Rpfleger 1948/49, 487, 489: „sachgemäße Berücksichtigung"; Dölle FamR II S. 8; Hahne ZblJR 1982, 621, 625 f.; BGH FamRZ 1982, 23, 25; 157, 158; 678, 679; 898, 899; OLG Saarbrücken FamRZ 1982, 919, 920. Zum normativen Charakter des Begriffs Leistungsfähigkeit vgl. unten § 7 A. II.

[63] So ausdrücklich BGH FamRZ 1982, 157, 158; Göppinger / Wenz Rz 1157.

[64] Göppinger / Wenz Rz 1155: § 242 und Rechtsgedanke des § 162 Abs. 2.

[65] Vgl. die Nachw. oben Fn. 62, sowie zu weiteren Gesichtspunkten Göppinger / Wenz Rz 1155 ff.; Hammer Leitlinien FamRZ 1981, 1211, 1212 Ziff. 17; Kölner Unterhaltsrichtlinien FamRZ 1982, 100, 103 Ziff. 20.0-20.3, 20.5; zu den im Rahmen des § 1361 anzustellenden Erwägungen vgl. OLG Köln FamRZ 1981, 1174, 1175; OLG Saarbrücken FamRZ 1982, 919; OLG Nürnberg FamRZ 1982, 954, 955; OLG Düsseldorf FamRZ 1982, 268, 269; OLG Zweibrücken FamRZ 1982, 269.

[66] So bereits SchlHOLG SchlHA 1963, 53 m. insoweit zust. Anm. Scheyhing, a.a.O., S. 98.

[67] OLG Köln FamRZ 1982, 1105, 1106 f.; Palandt / Diederichsen § 1603 Anm. 3 b; vgl. auch Göppinger / Wenz Rz 1160; a. A. OLG Karlsruhe FamRZ 1981, 548 f.

Zweites Kapitel

Der Bedarf der Berechtigten

Einleitende Vorbemerkung

Bereits die Zweckbestimmung des Unterhalts — Deckung des Lebensbedarfs — weist auf die zentrale Bedeutung der Bedarfsermittlung hin. An verschiedenen Stellen des Systems Unterhaltsrecht wird dies evident: Der Bedarf begrenzt Unterhaltsansprüche nach oben[1]. Das Ausmaß der Bedürftigkeit, also der Teil des Gesamtbedarfs, den der Berechtigte aus eigener Kraft nicht zu decken vermag[2], ist ohne vorherige Bedarfsermittlung nicht festzustellen. Eine anteilige Kürzung von Ansprüchen im Falle beschränkter Leistungsfähigkeit des Verpflichteten setzt Einsatzbeträge voraus[3], die ebenfalls ohne Bedarfsermittlung nicht zu gewinnen sind. Zuletzt soll nicht unerwähnt bleiben, daß auch auf Seiten des Verpflichteten mitunter eine Bedarfsermittlung erforderlich wird. Nichts anderes stellt nämlich die Errechnung des Selbstbehaltes[4] dar.

§ 2 Das Maß des Unterhalts

A. Angemessener Unterhalt

Dem System des Gesetzes liegt folgende Vorstellung zugrunde: Jede Person hat bestimmte Bedürfnisse — Wohnung, Nahrung, Kleidung etc. —, deren Summe den sogenannten Lebensbedarf bildet. Dieser Lebensbedarf ist grundsätzlich[1] angemessen zu befriedigen[2]. Dabei geht

---

[1] Vgl. § 2 B. V.
[2] §§ 1602, 1577.
[3] § 6 B. I.
[4] § 5 A.

[1] Ausnahmen: § 65 Abs. 1 EheG — notdürftiger Unterhalt; § 1611 Abs. 1 S. 1; § 60, 61 Abs. 2 EheG — Beitrag zum angemessenen Unterhalt.
[2] §§ 1610 Abs. 1, 1360 S. 1, 1361 Abs. 1 S. 1; §§ 58 Abs. 1, 59 Abs. 1 EheG; im Rahmen des § 1578 Abs. 1 gilt — obwohl nicht ausdrücklich erwähnt — dasselbe, Soergel / Häberle § 1578 Rz 2; Erman / Ronke § 1578 Rz 4; Palandt / Diederichsen § 1578 Anm. 2.
Synonym verwendet das Gesetz in den §§ 1573 Abs. 2, 1577 Abs. 2 S. 1 den

das Gesetz davon aus, daß der Begriff der Angemessenheit die Variable der Unterhaltsbemessung bildet, deren Schwankungsbreite nach unten durch den notwendigen Unterhalt[3] und nach oben durch die sogenannte Sättigungsgrenze[4] begrenzt wird. Im Rahmen der abstrakten Bedarfsermittlung bedeutet dies: Bei gegebenem Grund- oder Basisbedarf, der Konstanten der Unterhaltsberechnung, bestimmt letztlich der variable Faktor „Angemessenheit" die endgültige Höhe des Lebensbedarfs.

B. Der Maßstab zur Beurteilung der Angemessenheit — die Lebensstellung

Die Berechnung des individuellen Unterhaltsanspruchs erfordert wegen der generellen Variabilität der Angemessenheit die Bezugnahme auf eine Richtgröße. Das Gesetz arbeitet hierbei mit verschiedenen Begriffen: Im Unterhaltsrecht der Verwandten richtet sich die Angemessenheit nach der Lebensstellung des Berechtigten[5]; Unterhaltsansprüche unter Ehegatten orientieren sich an den ehelichen Lebensverhältnissen[6]. Materielle Unterschiede bestehen freilich zwischen diesen Bezeichnungen nur zu einem Teil: Obgleich die Eheleute jeder für sich eine unabhängige Lebensstellung erlangt haben[7], richten sich die Unterhaltsbeziehungen unter ihnen nicht danach, sondern nach den auch von der Lebensstellung des anderen Ehepartners und anderen familiären Faktoren abhängigen ehelichen Lebensverhältnissen. Die Orientierung an dieser Bezugsgröße bewirkt vor allem bei geschiedenen Ehegatten einen effektiven Schutz der Belange des Berechtigten[8].

Begriff „voller Unterhalt", vgl. Hampel FamRZ 1981, 851, 852; ders. FamRZ 1982, 656, 657.

[3] Der notwendige Unterhalt bezeichnet das Minimum dessen, was noch als angemessen anzusehen ist, den sogenannten Mindestbedarf: Göppinger / Wenz Rz 897; Soergel / Häberle § 1578 Rz 8. Die Sätze des § 1 RegUnterhV beziffern nach der Legaldefinition des Regelbedarfs in § 1615 f Abs. 1 S. 2 den notwendigen Unterhaltsbedarf für minderjährige Kinder. Vgl. auch § 1610 Abs. 3 S. 1: Diese Vorschrift weist die Regelbedarfssätze ausdrücklich als Mindestbedarfssätze aus. Wie hier Mutschler FamRZ 1972, 345; Göppinger / Göppinger Rz 631: „Unwiderlegliche Vermutung"; a. A. Göppinger / Wenz Rz 897, der neben einfacher Lebenshaltung noch Raum für „einfachste" Bedarfsdeckung sieht.

[4] Vgl. hierzu unten § 2 B. V.

[5] § 1610 Abs. 1.

[6] §§ 1360 a Abs. 1, 1361 Abs. 1 S. 1, 1578 Abs. 1 S. 1; § 58 Abs. 1 EheG.

[7] Im Sinne des § 1610 Abs. 1.

[8] In vielen Fällen ist ein geschiedener Ehegatte über einen längeren Zeitraum hin bedürftig. Folgt man der Auffassung, daß anhaltende Bedürftigkeit die Lebensstellung des Berechtigten prägt — vgl. u. Fn. 14 —, so wäre mit diesen Fällen typischerweise eine Einschränkung des Lebensstandards verbunden.

Soweit im folgenden von der Lebensstellung des Ehegatten die Rede ist, ist damit diese von den ehelichen Lebensverhältnissen geprägte gemeint. Für die Ermittlung der ehelichen Lebensverhältnisse und der Lebensstellung des Berechtigten sind im übrigen dieselben Gesichtspunkte maßgebend[9], so daß eine einheitliche Bezeichnung auch unter diesem Gesichtspunkt möglich ist.

I. Bestimmende Gesichtspunkte

Für die Lebensstellung sind in erster Linie wirtschaftliche Faktoren bestimmend[10], vor allem Einnahmen- und Ausgabenstruktur und damit letztlich das Konsumniveau[11]. Sozialer und beruflicher Status, soziales Prestige und ähnliche Umstände beeinflussen die Lebensstellung nur insoweit, als sie sich in den Erwerbs- und Vermögensverhältnissen niederschlagen[12].

Grundsätzlich richtet sich der Unterhaltsanspruch nach der Lebensstellung des Berechtigten in dem Zeitpunkt, in dem der Anspruch entsteht[13]. Änderungen der Lebensstellung, die grundsätzlich variabel ist[14], beeinflussen damit unmittelbar die Höhe des Bedarfs. Die Anknüpfung der Bedarfsermittlung unter geschiedenen Eheleuten an die ehelichen Lebensverhältnisse bewirkt jedoch eine Fixierung der Lebensstellung auf einen bestimmten Zeitpunkt[15]. Durch diese Festschreibung der für die Bedarfsberechnung maßgebenden Bezugsgröße verliert diese mit

---

[9] Göppinger / Göppinger Rz 651.
[10] h. M.; Soergel / Herm. Lange § 1610 Rz 2; Soergel / Häberle § 1574 Rz 7; Göppinger / Göppinger Rz 651; Weychardt DAVorm 1979, 145, 148.
[11] Christl NJW 1982, 961, 962.
[12] Göppinger / Göppinger Rz 654; MünchKomm-Richter § 1578 Rz 7; AK-BGB-Derleder § 1610 Rz 3; Mager DAVorm 1979, 251 f.; Schlüter, S. 261.
[13] Vgl. hierzu Soergel / Herm. Lange, vor § 1601 Rz 2; RGZ 46, 65, 67; 45, 155, 157.
[14] Kurzfristige und vorübergehende Änderungen haben jedoch keinen Einfluß; würde allein die Tatsache, daß der Berechtigte bedürftig ist, seine Lebensstellung stets prägen, so könnte er immer nur notwendigen Unterhalt fordern. Eine nachhaltige Bedürftigkeit vermag jedoch die Lebensstellung zu ändern; a. A. RGRK-Scheffler § 1610 Anm. 2.
[15] Nach h. M. ist auf den Zeitpunkt der Scheidung abzustellen; BGH FamRZ 1979, 692, 694; 1982, 575 f.; 1982, 892; OLG Stuttgart FamRZ 1978, 681, 683; 1979, 625, 627; Soergel / Häberle § 1578 Rz 4 f.; vgl. auch Hampel FamRZ 1981, 851, 852; a. A. Diederichsen NJW 1977, 353, 359; einschränkend Bastian in Bastian / Roth-Stielow / Schmeiduch § 1578 Rz 4; Rolland § 1578 Rz 3. Es sind jedoch solche Veränderungen, die, da sie mit Sicherheit vorhersehbar waren, den ehelichen Lebenszuschnitt prägten, mit zu berücksichtigen; h. M. vgl. nur Soergel / Häberle § 1578 Rz 4; Göppinger / Wenz Rz 679; Griesche FamRZ 1981, 423, 841, 842.
Nicht von dieser Festschreibung betroffen ist jedoch der Selbstbehalt des Verpflichteten, da es sich hierbei um eine Frage der Leistungsfähigkeit handelt; richtig daher SchlHOLG SchlHA 1981, 189, 190.

ihrer Variabilität ihren dynamischen Charakter und wird zum statischen Faktor der Unterhaltsberechnung[16].

II. Subjektive oder objektive Betrachtungsweise

Die überwiegende Meinung will die ehelichen Lebensverhältnisse — für die Lebensstellung des Berechtigten im Sinne des § 1610 Abs. 1 kann nichts anderes gelten — anhand einer objektiven Betrachtungsweise bestimmen[17]. Diese Auffassung knüpft an die Auslegung des § 58 Abs. 1 EheG an[18]. Begründet wird sie überwiegend damit, daß ehebezogene Einkommens- und Vermögensdispositionen durch die Scheidung ihrer personalen Grundlage beraubt seien[19]. Den ehemaligen Ehepartnern könne eine fortwährende Bindung an besonders dürftige oder exzessive Lebensführung nicht zugemutet werden. Ähnlich ließe sich im Hinblick auf § 1610 Abs. 1 argumentieren[20]: Weder Berechtigter noch Verpflichteter sollen an extreme Vermögensdispositionen der Berechtigten gebunden sein, die dieser für den Fall seiner Selbstversorgung getroffen hat.

Diese Auffassung ist nicht unproblematisch[21]. Zwar sind die Konsequenzen einer Orientierung am tatsächlichen Lebensstandard nicht so drastisch, wie sie zum Teil überzeichnet dargestellt werden, da relevante Dispositionen ohnehin nur im Bereich zwischen notwendiger Bedarfsdeckung und Sättigungsgrenze möglich sind. Gleichwohl kann ein Bedürfnis nach Objektivierung nicht rundweg bestritten werden. Der dispositive Bereich würde eine zu große Bandbreite aufweisen. Es sollte jedoch nicht der Eindruck erweckt werden, es lasse sich bei gegebener Einnahmen- und Ausgabenstruktur der objektiv angemessene Bedarf exakt ermitteln[22]. Vielmehr sollte ein Dispositionsrahmen anerkannt

---

[16] Zu den Konsequenzen dieser Fixierung für die Ansprüche konkurrierender Berechtigter vgl. unten Schlußbetrachtung.

[17] Schwab FamRZ 1982, 456, 457 und Handbuch, Rz 328; Soergel / Häberle § 1578 Rz 9; Gernhuber FamR § 30 X 1., S. 413; Göppinger / Wenz Rz 674; Rolland § 1578 Rz 2; Bastian in Bastian / Roth-Stielow / Schmeiduch § 1578 Rz 3; Palandt / Diederichsen § 1578 Anm. 2; Christl NJW 1982, 961, 962. Vgl. für den BGH zuletzt FamRZ 1982, 678, 679. A. A. Furler, S. 30 f.; Griesche FamRZ 1981, 423, 841, 842, der sich jedoch zu Unrecht auf den BGH beruft; OLG Hamm FamRZ 1981, 460, 461; 1982, 170, 171; OLG Celle FamRZ 1980, 581, 582; für § 1361: OLG Frankfurt FamRZ 1981, 1061, 1062; OLG Bamberg FamRZ 1981, 668, 670; OLG Hamm FamRZ 1981, 361.

[18] Vgl. etwa Hoffmann / Stephan § 58 EheG Rz 30.

[19] Schwab FamRZ 1982, 456, 457; Göppinger / Wenz Rz 674.

[20] Insoweit wird jedoch — soweit ersichtlich — die Problematik nicht erörtert.

[21] Christl NJW 1982, 961, 962 weist auf die Diskrepanz zum Grundsatz der individuellen Unterhaltsbemessung hin.

[22] Das Fehlen empirisch gesicherter Anhaltspunkte betont Lucke, S. 25 f.; dies. FamRZ 1979, 373, 377 ff.

werden, der zwar den Abstand zwischen notwendiger Bedarfsdeckung und Sättigungsgrenze deutlich reduziert, dennoch es aber erlaubt, in gewissem Umfang den Dispositionen der Eheleute und damit dem Postulat der individuellen Bedarfsermittlung Rechnung zu tragen[23].

III. Selbständige oder abgeleitete Lebensstellung

Im Unterhaltsrecht der Verwandten richtet sich der Grad der Bedarfsdeckung nach der Lebensstellung des Berechtigten[24]. Häufig hat dieser jedoch noch keine selbständige, originäre Lebensstellung erlangt, sondern leitet seine Lebensstellung von der einer anderen Person ab, dem sogenannten Derivatar, der in der Regel mit dem Verpflichteten identisch sein wird.

Für Unterhaltsbeziehungen von Ehegatten untereinander gilt dies zwar nicht in demselben Maße, doch ist Bezugsgröße auch hier nicht die isolierte Lebensstellung des Berechtigten.

1. Die Lebensstellung der Kinder

Die Begründung einer selbständigen Lebensstellung setzt endgültige finanzielle Unabhängigkeit voraus. Nicht sonstige Gesichtspunkte, sondern nur wirtschaftliche Selbständigkeit bewirkt unterhaltsrechtliche Emanzipation[25].

Dieses Kriterium ist bei minderjährigen Kindern in aller Regel nicht erfüllt[26]. In diesen Fällen teilt das Kind die Lebensstellung beider Elternteile[27]. Das bedeutet, daß Lebensstellung — nicht jedoch der Bedarf[28] — der Eltern und der Kinder identisch sind. Differieren die Lebensstellungen der Elternteile, so ist die Lebensstellung des wirtschaftlich Bessergestellten ausschlaggebend[29], da sonst das Kind zum Vorteil

---

[23] Ähnlich Christl NJW 1982, 961, 962; vgl. auch BGH FamRZ 1983, 678, 679.
[24] § 1610 Abs. 1.
[25] Göppinger / Göppinger Rz 670; offensichtlich a. A. unterhaltsrechtliche Hinweise des OLG Stuttgart FamRZ 1983, 19.
[26] Haben minderjährige Kinder Vermögen oder sonstige Einkünfte, die sie in finanzieller Hinsicht unabhängig machen, so haben sie eine selbständige Lebensstellung. Allerdings ist zu beachten, daß der Vermögenssorgeberechtigte ihr Konsumverhalten steuert und damit auch ihre Lebensstellung bestimmt.
[27] Für eheliche Kinder h. M., vgl. nur Soergel / Herm. Lange § 1610 Rz 2; Göppinger / Göppinger Rz 667; für nichteheliche Kinder vgl. § 1615 c.
[28] Vgl. hierzu oben § 2 A.
[29] Str.; wie hier Soergel / Herm. Lange § 1606 Rz 8; Göppinger / Göppinger Rz 668 Fn. 4 m. w. N.; Puls DAVorm 1979, 727, 739; Rassow FamRZ 1980, 541, 543; OLG Stuttgart FamRZ 1979, 625, 626; OLG Düsseldorf DAVorm 1975, 177, 178; a. A. Derleder / Derleder NJW 1978, 1129, 1134: maßgebend sei die Lebensstellung des Barunterhaltspflichtigen; ebenso BGH FamRZ 1981, 543;

des Verpflichteten mit den wirtschaftlichen Folgen der Trennung der Eltern unverhältnismäßig belastet würde. Dasselbe gilt für nichteheliche Kinder. Mit der nunmehr im Vordringen befindlichen Meinung[30] ist die bisher herrschende Mittelwerttheorie[31] abzulehnen, da sowohl Art. 6 Abs. 5 GG[32] als auch die Intention des § 1615 c[33] eine relative Schlechterstellung der nichtehelichen Kinder untersagt.

Die Lebensstellung des besserverdienenden Elternteils ist auch dann maßgebend, wenn dieser das Kind betreut und der andere Barleistungen erbringt. Die Frage, ob der Erstere auch zur Deckung des Barbedarfs heranzuziehen ist, hat mit der Ermittlung der Lebensstellung nichts zu tun[34].

2. Die Lebensstellung der Ehegatten und die ehelichen Lebensverhältnisse

Zwar kann man im Hinblick auf die ehelichen Lebensverhältnisse nicht von einer abgeleiteten Lebensstellung des berechtigten Ehegatten im selben Sinne sprechen wie bei abhängigen Kindern. Die Lebensstellung wird zwar nicht nur, aber doch auch von Gesichtspunkten bestimmt, die nicht unmittelbar aus dem eigenen wirtschaftlichen Status

---

LG Stuttgart DAVorm 1982, 194, 195 = MDR 1982, 410; Kemper ZblJR 1975, 194, 196; ders. DAVorm 1979, 89, 90; Arbeitskreis 15 des 3. DFGT, S. 113; wiederum a. A. Vogel Anwbl. 1979, 85, 92: Gesamteinkünfte beider Elternteile; wiederum a. A. OLG Köln FamRZ 1979, 328, 330: Verhältnisse des Elternteils sind entscheidend, bei dem das Kind lebt; vgl. auch unten Fn. 34.

[30] Göppinger / Göppinger Rz 669; OLG Stuttgart DAVorm 1982, 194, 195 = MDR 1982, 410.

[31] Vgl. zur Mittelwerttheorie Soergel / Herm. Lange § 1615 c Rz 4 m. umfangreichen Nachw.

[32] Vgl. die Nachw. oben Fn. 30.

[33] Janssen / Knöpfel S. 193: durch § 1615 c sollte gerade die Gleichbehandlung mit den ehelichen Kindern herbeigeführt werden.

[34] Soergel / Herm. Lange § 1606 Rz. 8; Rassow FamRZ 1980, 541, 543; OLG Frankfurt FamRZ 1979, 622; die Ermittlung der Lebensstellung, die eine absolute Größe darstellt, muß scharf getrennt werden von der Ermittlung des Barunterhaltsanspruchs, m. a. W. Fragen des § 1606 Abs. 3 dürfen nicht mit denen des § 1610 Abs. 1 vermengt werden. Der Einwand von Derleder / Derleder NJW 1978, 1129, 1134, der durch die Orientierung an der Lebensstellung des Besserverdienenden gewonnene Vorteil würde durch § 1606 Abs. 3 S. 1, bzw. wie er sich ausdrückt, durch die beschränkte Leistungsfähigkeit des Barunterhaltspflichtigen wieder beseitigt, ist zwar vollkommen berechtigt. Diese Konsequenz ist jedoch systemimmanent und -konform. Zur Vereinfachung des Berechnungsverfahrens ist es deshalb zwar zweckmäßig, von einer fiktiven, am Einkommen des Barunterhaltspflichtigen orientierten Lebensstellung auszugehen, doch sollte man sich darüber klar sein, daß auf diese Weise nur der vom Barunterhaltspflichtigen gemäß § 1606 Abs. 3 S. 1 zu deckende Bedarf ermittelt wird und nicht der der absoluten Lebensstellung entsprechende Gesamtbedarf. So kann man jedoch nur verfahren, wenn ein Regelfall des § 1606 Abs. 3 S. 2 ausscheidet, was jedoch bei den hier erörterten Konstellationen der Fall sein wird, vgl. BGH FamRZ 1981, 543 f.

des berechtigten Ehegatten resultieren. Die innerfamiliären Dispositionen wirken sich sowohl auf die Lebensstellungen der Eltern als auch der Kinder aus, so daß jedenfalls bis zu dem Zeitpunkt, der die ehelichen Lebensverhältnisse fixiert[35], von „familiären Lebensverhältnissen" gesprochen werden könnte[36]. Änderungen dieser Bezugsgröße wirken zu Lasten und zu Gunsten aller auf diese Weise verbundenen Familienmitglieder[37].

IV. Abgeleitete Lebensstellung und Selbstbehalt des Verpflichteten

Leitet der Berechtigte seine Lebensstellung von der des Verpflichteten ab, so stellt sich die Frage, wie sie sich zu dessen Selbstbehalt verhält.

Dem Verpflichteten steht grundsätzlich ein angemessener Selbstbehalt zu[38]; nur in Ausnahmefällen, die freilich realiter häufig vorliegen, wird ihm eine Deckung nur des notwendigen Bedarfs zugemutet[39]. Verstünde man den Begriff der abgeleiteten Lebensstellung darin, daß die Lebensstellungen beider, also des Verpflichteten und des Berechtigten, stets identisch sind[40], so würde aus der Zubilligung eines angemessenen Selbstbehaltes eine entsprechend gehobene Lebensstellung des Berechtigten resultieren. Dieser Vorteil würde in aller Regel nicht nur durch die beschränkte Leistungsfähigkeit des Verpflichteten wieder annulliert, er stünde auch im Widerspruch zur Funktion des Selbstbehaltes[41]. Dieser soll nicht die Lebensstellung des Berechtigten erhöhen, sondern begründet einen Vorrang der Bedarfsdeckung des Verpflichteten vor der des Berechtigten.

Damit läßt sich die eingangs gestellte Frage wie folgt beantworten: Liegen die Voraussetzungen der §§ 1603 Abs. 2 S. 1 und 1581 S. 1[42] vor, so besteht auf dieser untersten Stufe Identität der Lebensstellungen. Bei einer Zunahme der verfügbaren Geldmittel steigt nun zunächst die Lebensstellung allein des Verpflichteten bis zum angemessenen Selbst-

---

[35] Vgl. oben B. I.
[36] Vgl. auch § 1360 a Abs. 1.
[37] Für Ehegatten ist anerkannt, daß sie an den ehelichen Lebensverhältnissen in gleicher Weise Anteil nehmen: BGH FamRZ 1979, 692, 694; 1982, 575 f.; OLG Stuttgart FamRZ 1978, 681, 683; 1979, 625, 627.
[38] Zum Selbstbehalt und zur Auslegung des Begriffs „angemessen" in diesem Zusammenhang vgl. unten § 5 A. I. 1. b).
[39] §§ 1603 Abs. 2 S. 1, 1581 S. 1.
[40] Vgl. oben B. III. 1.
[41] Vgl. hierzu unten § 5 A. I.
[42] Vgl. zum Selbstbehalt im Fall des § 1581 S. 1 unten § 5 A. I. 1. a). Zur Vereinfachung soll dieser hier dem des § 1603 Abs. 2 S. 1 gleichgestellt werden, was in der Praxis auch oft geschieht.

behalt an[43], während die des Berechtigten auf dem Niveau des notwendigen Unterhalts verharrt. In einer weiteren Phase stagniert nun die Entwicklung der Lebensstellung des Verpflichteten, bis die verfügbaren Mittel eine Anpassung der Lebensstellung des Berechtigten an die des Verpflichteten erlauben. Von diesem Punkt an besteht erneut Identität zwischen den Lebensstellungen der Berechtigten und des Verpflichteten[44].

V. Sättigungsgrenze

Der Zweck des Unterhaltsanspruchs begrenzt diesen nach oben[45]. Lebensbedarf kann nur insoweit gedeckt werden, als ein solcher begrifflich gegeben ist. Freilich ist die damit angesprochene Abgrenzung zwischen gehobener Bedarfsdeckung und luxuriösem Lebensstil nicht allein durch die Determinierung einer absoluten numerischen Obergrenze zu bewältigen[46], die allerdings gleichwohl einen Orientierungsrahmen für die Entscheidung im Einzelfall zu bieten vermag[47].

Für wirtschaftlich noch abhängige Kinder soll eine engere Grenze gelten. So wird vertreten, daß deren Lebensstellung in erster Linie vom „Kindsein" geprägt sei[48]. Andere wollen den Lebenszuschnitt von Kindern nivellieren, deren Eltern unterschiedlich hohe Einkommen beziehen[49]. Endlich wird versucht, eine Beschränkung der kindlichen Lebensstellung mit pädagogischen Erwägungen zu begründen[50].

---

[43] So auch die Nürnberger Tabelle NJW 1981, 965 Gruppe 1—11; vgl. auch Rassow FamRZ 1980, 541, 544 und 545.

[44] a. A., ohne dies allerdings ausdrücklich zu erwähnen, sind die meisten Unterhaltstabellen; vgl. unten § 3 B. II. 1. b). Zur Frage, ob dies ohne Begrenzung nach oben gilt, vgl. sogleich unten B. V.

[45] Soergel / Herm. Lange § 1610 Rz 13; Soergel / Häberle § 1578 Rz 19; MünchKomm-Richter, Ergänzung zu § 1578 Rz 12; Göppinger / Göppinger Rz 662; Schwab, Handbuch, Rz 328; ausführlich zum sog. „Zweckprogramm des nachehelichen Unterhaltsanspruchs" ders. FamRZ 1982, 456, 458; Kalthoener / Haase-Becher / Büttner Rz 156; Weychardt DAVorm 1980, 607, 673, 690; Griesche FamRZ 1981, 423, 841, 845; BGH FamRZ 1983, 473, 474.

[46] Soergel / Häberle § 1578 Rz 19; Göppinger / Göppinger Rz 662 und Göppinger / Wenz Rz 675; MünchKomm-Richter, Ergänzung zu § 1578 Rz 12; Christl NJW 1982, 961, 965; Schwab FamRZ 1982, 456, 458; Rassow FamRZ 1980, 541; BGH FamRZ 1969, 205, 206; OLG Bremen FamRZ 1982, 1103, 1104.

[47] Allerdings halte ich es nicht für opportun, als Obergrenze einen Geldbetrag festzusetzen und damit den Unterhaltsanspruch absolut zu begrenzen — vgl. etwa Soergel / Häberle § 1578 Rz 19: 4000,— DM. Allein das Maß der Bedarfsdeckung ist zu beschränken; vgl. hierzu unten § 4 B.

[48] MünchKomm-Köhler § 1610 Rz 9; zust. Soergel / Herm. Lange § 1610 Rz 4.

[49] KG FamRZ 1979, 64; Nürnberger Tabelle NJW 1981, 965, 966 und 968 unter Anm. II 7. 1; AK-BGB-Derleder § 1610 Rz 5: „parasitäre Lebensweise"; Köhler Handbuch Rz 38 f. und ders. in MünchKomm § 1610 Rz 9; Moritz JZ 1980, 16, 17.

[50] BGH FamRZ 1969, 205, 207; bestätigt in FamRZ 1980, 665; 669; hierzu

§ 2 Das Maß des Unterhalts 31

Im Ergebnis spricht in der Tat manches für die Auffassung, daß hoher Lebensstandard der Eltern diese nicht verpflichtet, den Kindern eine entsprechende Lebensführung zu ermöglichen. Die für eine Beschränkung der Lebensstellung bisher vorgetragenen Begründungen überzeugen indessen nicht. So kann die Lebensstellung der Kinder nicht überwiegend vom „Kindsein" geprägt werden, wenn die Kinder — so die h. M. — die Lebensstellung der Eltern teilen. Einkommensdivergenzen und darauf beruhende Unterschiede im Lebensstandard kann das Unterhaltsrecht nicht ausgleichen[51]. Auch pädagogisch motivierte Unterhaltsbeschränkungen setzen — wenngleich sie nicht von vornherein ausgeschlossen sind — voraus, daß der Barunterhaltspflichtige die Personensorge für den Berechtigten ausübt. Daran wird es meist fehlen[52].

Meines Erachtens ist es zweifelhaft, ob die angesprochene Problematik eine Begrenzung der Lebensstellung rechtfertigt, zumal die üblichen Verfahren der Unterhaltsbemessung für die Lebensstellung keinen einigermaßen exakten Index anzubieten haben, und deshalb der Entscheidungsvorgang kaum hinreichend transparent zu gestalten wäre. Betrachtet man diese Verfahren, so ist festzustellen, daß der Grund- oder Basisbedarf von Kindern von dem der Erwachsenen erheblich abweicht[53]. Wenngleich das Ausmaß der Differenz im einzelnen problematisch sein mag, so ist doch festzustellen, daß allein die Bedarfsstruktur, nicht jedoch die Lebensstellung vom „Kindsein" geprägt wird[54]. Es fragt sich, ob dieser Unterschied, der bei steigender Lebensstellung ja erhal-

---

Diederichsen NJW 1980, 1672, 1674; Soergel / Herm. Lange § 1610 Rz 4; Christl NJW 1982, 961, 965.

[51] Gernhuber FamR § 41 VII 3., S. 614; Göppinger / Göppinger Rz 662 Fn. 3; Rassow FamRZ 1980, 541.

[52] Vgl. §§ 1671, 1672 und 1705; krit. insoweit auch Christian ZblJR 1982, 559, 569; allerdings wird in den Fällen, in denen nunmehr beide geschiedene Ehegatten die elterliche Sorge ausüben — BVerfG FamRZ 1982, 1179 — die praktische Relevanz dieses Gesichtspunktes wohl größer. Dennoch kann auch dann der Barunterhaltspflichtige nicht allein bestimmen: § 1627.
Bei volljährigen Kindern will der BGH FamRZ 1969, 205, 207 m. Anm. Bosch eine pädagogisch motivierte Unterhaltsbeschränkung zulassen. A. A. zu Recht Gernhuber FamR § 41 VII 3., S. 614; Soergel / Herm. Lange § 1610 Rz 4; abl. auch OLG Bremen FamRZ 1982, 1103, 1104; wie hier neuerdings auch der BGH: FamRZ 1983, 48; 1983, 473, 474. Auch auf § 1612 läßt sich die Unterhaltsbeschränkung nicht stützen. Diese Norm regelt lediglich die Art der Gewährung.

[53] Die Grundbedarfssätze für Kinder entsprechen denen der RegUnterhV: je nach Altersgruppe 207,—, 251,— oder 297,— DM. Bemerkenswert ist die erhebliche Differenz zwischen den Grundbedarfssätzen für fast Volljährige und Ehegatten; zur Kritik an den Mindestbedarfssätzen vgl. unten Fn. 55 und unten § 4 A. I.

[54] Ebenso OLG Bremen FamRZ 1982, 1103, 1104: „kindgerechte Bedürfnisse".

ten bleibt, in absoluten Zahlen sogar größer wird, nicht eine ausreichende Beschränkung darstellt[55].

C. Auswirkungen konkurrierender Unterhaltsansprüche auf das Maß des Unterhalts

Die Lebensstellung der Verpflichteten — und damit in Fällen abgeleiteter Lebensstellung auch die der Berechtigten — wird auf der Ausgabenseite auch von den Unterhaltsansprüchen der Berechtigten bestimmt[56]. Dies wird zum Teil bestritten: Es wird die Auffassung vertreten, daß die Ansprüche lediglich die Leistungsfähigkeit des Verpflichteten mindern[57], seine Lebensstellung jedoch unberührt lassen. Die Bedenken gegen diesen Standpunkt liegen auf der Hand. Er führt in den Fällen, in denen der Berechtigte seine Lebensstellung von der des Verpflichten abgeleitet oder beide dieselbe Lebensstellung innehaben, zur Ermittlung eines überhöhten Bedarfs. Erst die im Verhältnis zu diesem Bedarf regelmäßig beschränkte Leistungsfähigkeit könnte dies korrigieren, allerdings nur um den Preis einer nicht gerechtfertigten Funktionsverschiebung zwischen den Strukturelementen Bedarf und Leistungsfähigkeit. Denn es ist nicht Aufgabe des Elements Leistungsfähigkeit, eine fehlerhafte Bedarfsermittlung zu korrigieren. Außerdem besteht die Gefahr, daß bei tatsächlich beschränkter Leistungsfähigkeit die so ermittelten falschen Einsatzbeträge zu einer unausgewogenen Mittelverteilung führen, insbesondere dann, wenn sich auch Berechtigte mit selbständiger oder nicht mehr variabler[58] Lebensstellung unter den Konkurrenten befinden. Auch die als absurd dargestellte Folge der hier vertretenen Auffassung, der begüterte Großvater könne sich gegenüber seinem Enkel auf dessen beschränkte Lebensstellung berufen[59], rechtfertigt kein anderes Ergebnis. Denn diese Konsequenz ist keineswegs

---

[55] Nach Ansicht des Arbeitskreises 15 des 3. DFGT, S. 113 betrug der tatsächliche Barbedarf eines Kindes im Jahre 1980 ca. 600,— DM. Er wurde und wird damit durch die Tabellensätze nicht einmal dann annähernd gedeckt, wenn die Eltern bereits eine recht gehobene Lebensstellung innehaben; vgl. insoweit etwa die Düsseldorfer Tabelle FamRZ 1981, 1207 mit Stand vom 1. 1. 1982. Vgl. zu der hier angesprochenen Problematik auch die Aufstellung des Deutschen Familienverbandes DAVorm 1979, 267; OLG Bremen FamRZ 1982, 1103, 1104.

[56] Soergel / Herm. Lange § 1610 Rz 2; Rassow FamRZ 1971, 628, 629; Puls DAVorm 1979, 727, 733 = 2. DFGT, S. 114, 127; dies. DAVorm 1975, 561, 570 f.; OLG Hamm DAVorm 1978, 280, 282; vgl. auch Anm. 1 der Düsseldorfer Tabelle unter A., FamRZ 1981, 1207; Christian ZblJR 1982, 559, 565; Weychardt DAVorm 1980, 187, 188.

[57] Köhler, Handbuch, Rz 49; Göppinger / Göppinger Rz 659.

[58] Vor allem die fixierte Lebensstellung eines geschiedenen Ehegatten, vgl. oben § 2 B. I.

[59] Göppinger / Göppinger Rz 659.

absurd, sondern vielmehr systemkonform, da der Enkel in aller Regel eben nicht die Lebensstellung des Großvaters teilt[60].

Damit ergeben sich folgende Wechselwirkungen: Unterhaltsansprüche, die dieselbe Lebensstellung als Berechnungsgrundlage haben, beschränken sich bereits auf der Ebene der Bedarfsermittlung gegenseitig bis zur Untergrenze des notwendigen Unterhalts[61]. Eine Einschränkung der insoweit bestehenden Interdependenzen resultiert jedoch aus den Besonderheiten, die sich aus § 1603 für den Selbstbehalt des Verpflichteten ergeben[62]. Unterhaltsansprüche, die auf der Grundlage einer vom Verpflichteten unabhängigen Lebensstellung des Berechtigten zu ermitteln sind, beschränken zwar die anderen konkurrierenden Ansprüche in der oben beschriebenen Weise, werden ihrerseits von den anderen Ansprüchen jedoch nicht beeinflußt, da diese für die Bemessung ihrer — originären — Lebensstellung keine Bedeutung haben.

§ 3 Die Bedarfsermittlung — eine kritische Bestandsaufnahme der üblichen Verfahren

A. Die abstrakte oder pauschalierende Bedarfsermittlung

Das Gesetz geht davon aus, daß der Lebensbedarf des Berechtigten individuell und konkret zu berechnen ist. Insbesondere von dem Postulat der konkreten Bedarfsermittlung ist die Praxis indes hoffnungslos überfordert[1]. Ein unabweisbares Bedürfnis des Rechtsverkehrs[2] nach einer abstrakten, vom Einzelfall gelösten und an Hand von Durchschnittssätzen pauschalierenden Bedarfsrechnung wird heute nicht mehr bestritten. Freilich vermag es dieses Bedürfnis nicht, am Grundsatz der

---

[60] LG München I FamRZ 1982, 1116.
[61] Eine weitergehende Beschränkung des Unterhaltsanspruchs kann nur im Fall beschränkter Leistungsfähigkeit von den §§ 1603, 1609 und 1581, 1582 ausgehen; vgl. oben § 2 A. bei Fn. 3.
[62] Vgl. hierzu oben § 2 B IV.
[1] Mutschler FamRZ 1972, 345; Müller-Freienfels, Festschr. Beitzke, S. 311, 331; Göppinger / Göppinger Rz 611; Christl NJW 1982, 961, 962; Köhler, Handbuch, Rz 29; Puls, 2. DFGT, S. 114, 115 = DAVorm 1979, 727.
[2] Dieses praktische Bedürfnis rechtfertigt die pauschalierende Bedarfsermittlung als Ergebnis legitimer richterlicher Rechtsfortbildung; vgl. Larenz, Methodenlehre, S. 402 ff.; die wohl h. M. will § 287 Abs. 2 ZPO als Grundlage heranziehen: Mutschler FamRZ 1972, 345; Göppinger / Göppinger Rz 614; Lüderitz FamRZ 1975, 605, 611; zur Tendenz neuerer Gesetze, die pauschalierende Bedarfsermittlung auszuweiten: Puls, 2. DFGT, S. 114, 117 = DAVorm 1979, 727, 728; skeptisch zur Stellung von Unterhaltsschlüsseln „im Gebäude der Rechtsquellenlehre" Scheyhing SchlHA 1963, 98; ebenso, auch im Hinblick auf Tabellen Müller-Freienfels, Festschr. Beitzke, S. 311, 341.

individuellen Bedarfsermittlung zu rütteln. Die Ergebnisse der abstrakten Verfahren sind, soweit nicht von vornherein nur eine konkrete Bedarfsermittlung in Frage kommt[3], stets auf ihre Vereinbarkeit mit den Besonderheiten des Einzelfalles zu überprüfen[4].

Die Bedürfnisse des Rechtsverkehrs begründen nicht nur die Zulässigkeit pauschalierender Verfahren, sie setzen auch Grenzen für das Ausmaß zulässiger Abstraktion. Dies ist einer der Gesichtspunkte, der der Anwendung von Unterhaltsschlüsseln[5] entgegensteht. Diese verteilen die verfügbare Masse in einer derart schematischen Weise, daß die vom Gesetz nicht zur Disposition gestellte Orientierung des Unterhaltsanspruchs am Bedarf zugunsten einer willkürlichen Distribution völlig vernachlässigt wird[6]. Insoweit systemkonform sind dagegen Bedarfstabellen.

Im folgenden sollen die derzeit aktuellen Verfahren zur abstrakten Bedarfsermittlung auf ihre Vereinbarkeit mit dem Gesetz, insbesondere im Hinblick auf die Konkurrenzproblematik, untersucht werden.

B. Die einzelnen Verfahren zur Bedarfsermittlung

I. Kritischer Überblick

Alle Verfahren, die eine Bedarfsermittlung nur für eine beschränkte Personengruppe erlauben, nicht jedoch die Berücksichtigung zumindest der praktisch relevanten Konkurrenzsituationen, sind Bedenken ausgesetzt. In diesem Zusammenhang sind die Tabellen zu erwähnen, die allein den Kindesbedarf angeben: Berliner Tabelle[7], Tabelle des Familiengerichts Hamburg zum Kindesunterhalt[8], sowie insbesondere die

---

[3] Mutschler FamRZ 1972, 345 weist darauf hin, daß etwa Sonderbedarf oder andere bestimmte Bedürfnisse nur konkret zu ermitteln sind.

[4] Gernhuber FamR § 21 II 7., S. 237; § 30 X 3., S. 416; Puls, S. 114, 115 = DAVorm 1979, 727.

[5] Zu den gebräuchlichen Unterhaltsschlüsseln vgl. Kalthoener / Haase-Becher / Büttner RZ 67—71; vgl. auch Schlüter, in: Praxis des neuen Familienrechts, S. 241, 251 f. Die Unterhaltsschlüssel spielen heute keine große Rolle mehr; vgl. jedoch die Kölner Unterhaltsrichtlinien, Ziffer 28.0—30.0, FamRZ 1982, 100, 104.

[6] Ablehnend deshalb auch Weychardt DAVorm 1979, 145, 157 unter Hinweis auf OLG Stuttgart FamRZ 1978, 249, 251 f.; OLG München FamRZ 1978, 435, 436; Köhler, Handbuch, Rz 49; Soergel / Herm. Lange § 1610 Rz 5; AK-BGB-Derleder § 1610 Rz 2.

[7] KG NJW 1977, 289 = DAVorm 1977, 82 ff.; abgedr. bei Kalthoener / Haase-Becher / Büttner Rz 56 ff. Die Berliner Tabelle wird nicht mehr angewandt, vgl. NJW 1981, 963, 964.

[8] Mitgeteilt von Puls DAVorm 1978, 73 ff.; abgedr. bei Kalthoener / Haase-Becher / Büttner Rz 40 ff.

§ 3 Verfahren zur Bedarfsermittlung

Heidelberger Bedarfstabelle[9], die sich auf die Bedarfsermittlung für nichteheliche Kinder beschränkt. Diese Berechnungsmodelle mißachten bereits im methodischen Ansatz die Auswirkungen der Konkurrenzlage. Dies gilt auch für die Tabelle des Familiengerichts Hamburg, obwohl sie gerade darauf abzielt, den Auswirkungen konkurrierender Unterhaltsansprüche auf die Lebensstellung der Beteiligten Rechnung zu tragen[10], da sie eine Berücksichtigung des Ehegattenbedarfs nicht erlaubt. Wie oben dargestellt wurde[11], bestehen die erwähnten Interdependenzen gerade zwischen den Mitgliedern der Kleinfamilie, so daß die Wechselbeziehungen, die sich hinsichtlich der Bedürfnisse der Ehegatten ergeben, nicht außer acht gelassen werden können.

Der größere Teil der Tabellen und vor allem auch die am weitesten verbreitete Düsseldorfer Tabelle berücksichtigen demgegenüber auch den Ehegattenbedarf.

Allerdings sind die einzelnen Verfahren durchweg nicht in der Lage, die Konkurrenzproblematik adäquat zu bewältigen. Das gilt natürlich in erster Linie für die Verfahren, die den Bedarf unabhängig von der Anzahl konkurrierender Berechtigter ermitteln. Insoweit sind die Kasseler Tabelle[12] und die Tabelle von Köhler[13] zu nennen, wobei das erste Verfahren außerdem wegen der vorgesehenen Überschußverteilung an Hand eines Schlüssels der insoweit bereits vorgetragenen Kritik[14] ausgesetzt ist. Unter den Tabellen, die nur den Kindesbedarf angeben, trifft dieser Kritikpunkt auf die Berliner Tabelle[15] und die Heidelberger Bedarfstabelle[16] zu. Die anderen Verfahren — Düsseldorfer Tabelle[17], Nürnberger Tabelle[18], die Tabelle von Rassow[19], und beschränkt auf den Kindesbedarf die Tabelle des Familiengerichts Hamburg[20] — versuchen zumindest, den sich aus der Konkurrenzlage ergebenden Anforderungen gerecht zu werden. Die Ergebnisse dieser Bemühungen

---

[9] DAVorm 1979, 721; abgedr. bei Kalthoener / Haase-Becher / Büttner Rz 63.
[10] Puls DAVorm 1978, 73, 75.
[11] Vgl. oben § 2 B. III. 2.
[12] AG Kassel DAVorm 1980, 187; abgedr. bei Kalthoener / Haase-Becher / Büttner Rz 61 in alter Fassung.
[13] Köhler, Handbuch, S. 240 f.; Köhler will zwar — vgl. a.a.O. Anm. 5 — die angegebenen Bedarfssätze im Falle einer „Überbürdung" des Verpflichteten mit Unterhaltsverbindlichkeiten kürzen. Wie dies geschehen soll, gibt er jedoch nicht an.
[14] Vgl. oben § 3 A.
[15] Vgl. oben Fn. 7.
[16] Vgl. oben Fn. 9.
[17] FamRZ 1981, 1207; zur Verbreitung der Düsseldorfer Tabelle vgl. NJW 1981, 963, Soergel / Herm. Lange § 1610 Rz 5 und Göppinger / Göppinger Rz 618.
[18] DAVorm 1979, 251; NJW 1981, 965.
[19] FamRZ 1980, 541.
[20] Vgl. oben Fn. 8.

sind jedoch durchweg nicht zufriedenstellend. Die Verfahren sind nicht in der Lage, Veränderungen der Anzahl der Berechtigten hinreichend flexibel zu berücksichtigen. Die Düsseldorfer Tabelle will einer Abweichung von der ihren Ergebnissen zugrundeliegenden Personenzahl durch eine Höher- oder Tiefergruppierung der Berechtigten im Einzelfall Rechnung tragen[21]. Dieses Verfahren ist wegen der mit ihm verbundenen sprunghaften Änderung der Ergebnisse dem Vorwurf mangelnder Anpassungsfähigkeit ausgesetzt, gerade auch deshalb, weil die Einkommens- und damit Lebensstellungsgruppen doch recht erheblich differieren[22]. Die Nürnberger Tabelle versucht demgegenüber, die für die typische Anzahl der Berechtigten zugrundegelegten Beträge anteilig zu kürzen, wenn der Bedarf aller Berechtigten und des Verpflichteten das berücksichtigungsfähige Einkommen übersteigt[23]. Dieses Verfahren mag für eine steigende Zahl der Berechtigten angehen, wenngleich es auch nicht bedenkenfrei ist, da die systematisch zu trennenden Bereiche der Bedarfsermittlung einerseits und der beschränkten Leistungsfähigkeit andererseits konturenlos ineinander übergehen und nicht strikt unterschieden werden können. Im umgekehrten Fall, in dem die typische Anzahl der Berechtigten unterschritten wird, soll der entstehende Überschuß jedoch an Hand eines Schlüssels verteilt werden[24].

Auch das von Rassow vorgeschlagene Verfahren[25] trennt nicht zwischen der Bedarfsermittlung und den Folgen beschränkter Leistungsfähigkeit. Außerdem ist zu kritisieren, daß der Selbstbehalt des Verpflichteten nicht auf den notwendigen beschränkt bleibt, bis der Mindestbedarf der Berechtigten gedeckt ist. Endlich fallen auch hier die nicht unerheblichen Sprünge in den Zahlenwerten auf[26].

Die Düsseldorfer Tabelle ist in diesem Zusammenhang noch in einem weiteren Punkt zu kritisieren, der auch in der Literatur bereits mehrfach angesprochen wurde: Die Berechnungsverfahren für Kindes- und Ehegattenbedarf sind nicht miteinander vereinbar[27]. Während der Kin-

---

[21] FamRZ 1982, 1207, A., Anm. 1.

[22] Kritisch insoweit auch Weychardt DAVorm 1979, 145, 163; Puls, 2. DFGT, S. 114, 118 = DAVorm 1979, 727, 729; Spangenberg DAVorm 1980, 769, 785. Das Verfahren ist sehr stark schematisiert; das gilt auch für den Vorschlag, Zwischenbeträge anzunehmen. Dies ist ohne Orientierungsrahmen für die Lebensstellung der Beteiligten — hierfür gibt die Düsseldorfer Tabelle gerade keinen Index an — kaum einigermaßen plausibel zu praktizieren. Krit. deshalb auch Christian ZBlJR 1982, 559, 568; Huvale ZBlJR 1982, 577, 581.

[23] NJW 1981, 965, 967 Anm. II 3. 1.

[24] NJW 1981, 965, 967 Anm. II 3. 43 und 5. 43; anders und wohl richtiger Anm. II 3. 44 und 5. 44 für Einkommen zwischen 1500,— u. 1600,— DM.

[25] Vgl. oben Fn. 19.

[26] Vgl. hierzu bereits oben Fn. 22.

[27] Krit. insoweit auch Spangenberg DAVorm 1980, 769, 785. Ehlert — FamRZ 1980, 1083, 1085; 1982, 131 — hat u. a. deshalb eine „ergänzte Düssel-

desbedarf in absoluten Zahlen angegeben wird, muß der Ehegattenbedarf als Quote von dem nach Vorwegabzug des Kindesunterhalts verbleibenden Einkommen des Verpflichteten errechnet werden[28]. Zwar verstößt dieses Verfahren nicht, wie meist kritisiert wird[29], gegen den Gleichrang dieser Ansprüche: Der Rang der Ansprüche erlangt erst im Falle beschränkter Leistungsfähigkeit des Verpflichteten Bedeutung. Die Bedarfsermittlung, die der Feststellung der Leistungsfähigkeit logisch vorgehen muß, hat demgegenüber die Interdependenzen zwischen den Lebensstellungen der Beteiligten zu respektieren. Das Verfahren der Düsseldorfer Tabelle macht es von vornherein unmöglich, diesem Gebot zu entsprechen[30]. Denn auch die voneinander unabhängige Ermittlung der Bedarfssätze, die vor allem für Mangelfälle gefordert wird, verkehrt die Konsequenzen lediglich in ihr Gegenteil, ohne jedoch dem erwähnten Postulat zu genügen: Begünstigt sind zwar nicht mehr die Kinder; jedoch wird dann der Bedarf des berechtigten Ehegatten überhöht.

II. Die Bedarfsermittlung im einzelnen

1. Kindesbedarf

Basis der Bedarfsermittlung ist sowohl für eheliche[31] als auch für nichteheliche Kinder der Regelbedarf[32]. Der Vereinheitlichung des Grundbedarfs, die der Gesetzgeber durch die Einfügung des § 1610

---

dorfer Tabelle" entwickelt, die zwar die gegenüber dem Quotenverfahren bestehenden Bedenken auszuräumen vermag; die oben geübte Kritik an der Düsseldorfer Tabelle betrifft jedoch auch dieses Verfahren.

[28] FamRZ 1981, 1207, 1208, B., Anm. III.; unterhaltsrechtliche Hinweise des OLG Stuttgart FamRZ 1983, 19, 20. Leitlinien OLG Celle FamRZ 1982, 131, 132; Kölner Unterhaltsrichtlinien FamRZ 1982, 100, 101. Demgegenüber will Rassow — FamRZ 1980, 541, 545 f., Anm. b — den Ehegattenbedarf vorweg berücksichtigen. Dieses Verfahren ist in gleicher Weise zu kritisieren, wie der Vorwegabzug des Kinderunterhalts. Im übrigen gestaltet Rassow den Ehegattenbedarf zwar flexibel in Abhängigkeit vom Einkommen des Verpflichteten, nicht jedoch von der Anzahl der konkurrierenden Berechtigten oder deren Bedarf.

[29] Weychardt DAVorm 1979, 145, 157; Puls, 2. DFGT, S. 114, 135 = DAVorm 1979, 727, 737; Ehlert FamRZ 1980, 1083, 1084; Griesche FamRZ 1981, 423, 841, 843; Christian ZblJR 1982, 559, 573.

[30] Das Verfahren wird jedoch für den Regelfall vom BGH gebilligt: FamRZ 1981, 241, 242.

[31] § 1610 Abs. 3 gilt zwar nicht für alle ehelichen Kinder, doch dürfte er die Mehrzahl aller praktisch relevanten Fälle erfassen. Außerdem kommt den Beträgen eine Orientierungsfunktion auch dort zu, wo sie nicht unmittelbar kraft Gesetzes den Mindestbedarf determinieren.

[32] Vgl. die RegUnterhV, zuletzt geändert durch Verordnung vom 10.8.1981 (BGBl. I S. 835).

Abs. 3 festgeschrieben hat[33], tragen alle gängigen Verfahren der Bedarfsermittlung Rechnung.

a) Bedarfsfestsetzung durch Zuschlag zum Regelunterhalt

Unterschiede in der Bedarfsfestsetzung zwischen ehelichen und nichtehelichen Kindern bei steigender Lebensstellung ergeben sich zwar nicht im Ergebnis, jedoch im Verfahren. Nichteheliche Kinder können auch einen prozentualen Zuschlag zum Regelunterhalt fordern[34].

Speziell auf diese Möglichkeit ist die Heidelberger Bedarfstabelle zugeschnitten[35]. Diese Besonderheit vermag jedoch eine allein auf nichteheliche Kinder abzielende Bedarfstabelle nicht zu rechtfertigen. Denn die Umrechnung der Sätze der Düsseldorfer Tabelle auf Zuschläge zum Regelunterhalt ist ohne weiteres praktikabel und wird auch praktiziert[36]. Insofern ist es — auch gerade im Hinblick auf Sinn und Zweck des § 642 d ZPO[37] — sinnvoll, den Bedarf ehelicher und nichtehelicher Kinder an Hand eines einheitlichen Verfahrens zu ermitteln.

b) Entwicklung der Bedarfssätze bei steigender Lebensstellung des Verpflichteten

Auffällig ist die Divergenz zwischen der Entwicklung der originären Lebensstellung des Verpflichteten einerseits und der derivativen der Berechtigten andererseits[38]. Wenngleich dies nur selten ausdrücklich angesprochen oder begründet wird[39], so ist doch festzustellen, daß der Verpflichtete am Zuwachs verfügbarer Geldmittel ungleich stärker partizipiert als die Berechtigten. Besonders ausgeprägt tritt dies bei der Nürnberger Tabelle in Erscheinung, wobei deren Resultate allerdings mit dem dort gewählten Ausgangspunkt übereinstimmen[40].

Diese Ergebnisse der Praxis weichen von der hier vertretenen Auffassung ab, daß im Familienverband alle Beteiligten dieselbe Lebens-

---

[33] Vgl. Art. 1 N. 22 des 1. EheRG.

[34] Vgl. § 642 d ZPO. Eheliche Kinder bleiben demgegenüber — jedenfalls de lege lata — auf die Möglichkeit beschränkt, einen bezifferten Antrag zu stellen.

[35] DAVorm 1979, 721.

[36] Vgl. Anm. 2 zur Düsseldorfer Tabelle, FamRZ 1981, 1207; Kölner Unterhaltsrichtlinien FamRZ 1982, 100.

[37] § 642 d ZPO soll lediglich eine unkomplizierte Anpassung der Unterhaltsansprüche an Änderungen der RegUnterhV ermöglichen; — vgl. §§ 642 b Abs. 1 ZPO, 20 Nr. 11 RpflG. Im Hinblick auf § 1610 Abs. 3 wäre es sinnvoll, für eheliche Kinder dasselbe Verfahren einzuführen.

[38] Dies gilt für alle gängigen Tabellen.

[39] Vgl. Nürnberger Tabelle NJW 1981, 965, 966; KG DAVorm 1977, 82, 86; sowie die Auffassungen oben § 2 B. V.

[40] Vgl. oben § 2 B. V. bei Fn. 49.

stellung innehaben, im vorliegenden Zusammenhang die Lebensstellung der wirtschaftlich unselbständigen Kinder mit der des betreffenden Derivatars identisch ist[41]. Eine andere Auffassung ist zwar nicht geradezu unvertretbar, sofern sie überzeugend begründet ist. Die bisher vorgebrachten Gesichtspunkte genügen diesen Anforderungen — wie bereits erwähnt — nicht[42].

2. Der Bedarf der Ehegatten — Quotenverfahren

a) Elementarbedarf

Die herrschende Praxis ermittelt den Unterhaltsanspruch zwischen Ehegatten an Hand des sogenannten Quotenverfahrens: Das Einkommen, das die ehelichen Lebensverhältnisse geprägt hat, wird mittels einer bestimmten Quote unter den Ehegatten verteilt[43]. Als Begründung wird meist angeführt, daß auf diesem Weg das richtige Maß der Bedarfsdeckung erreicht werde. Das verfügbare Einkommen werde im Regelfall voll und ganz für die Lebenshaltung ausgegeben, so daß die Bedürfnisse der Ehegatten in einem den ehelichen Lebensverhältnissen entsprechenden Umfang befriedigt werden[44].

Der BGH hat dieses Verfahren als Orientierungshilfe auch ausdrücklich gebilligt[45]. Dennoch wird dieses Verfahren — meines Erachtens zu Recht — kritisiert. Denn es vernachlässigt, ebenso wie die gerade deshalb abzulehnenden Unterhaltsschlüssel, den Bedarf der Ehegatten völlig[46]. An dieser Tatsache führt auch der Hinweis von Hampel[47] nicht vor-

---

[41] Vgl. oben § 2 B. III. 1. Krit. auch Christian ZblJR 1982, 559, 570 f. auch im Hinblick auf die unrealistischen Regelbedarfssätze der RegUnterhV; Huvale ZblJR 1982, 577, 580 f., der allerdings in diesem Zusammenhang außer acht läßt, daß die Düsseldorfer Tabelle auf eine vierköpfige Familie zugeschnitten ist.

[42] Vgl. oben § 2 B. V.

[43] Düsseldorfer Tabelle FamRZ 1981, 1207, 1208; vom Quotenverfahren weicht meines Wissens nur das OLG Nürnberg ab: Nürnberger Tabelle FamRZ 1981, 965. Zur Verbreitung der Düsseldorfer Tabelle vgl. den Gesamtüberblick NJW 1981, 963. Allerdings sind die von den einzelnen Gerichten vorgeschlagenen und angewandten Quoten nicht identisch, was jedoch für die vorliegend zu erörternde Problematik nicht von Bedeutung ist.

[44] Gernhuber FamR § 21 II 7., S. 237; Soergel / Herm. Lange § 1361 Rz 13; Soergel / Häberle § 1578 Rz 14 f.; MünchKomm-Wacke § 1361 Rz 10 f.; MünchKomm-Richter § 1578 Rz 10 f.; Erman / Heckelmann § 1361 Rz 8; Erman / Ronke § 1578 Rz 5 a ff.; Palandt / Diederichsen § 1361 Anm. 1 d und § 1578 Anm. 2; Brüggemann, 2. DFGT, S. 71, 83 f.

[45] Zuletzt inzidenter durch Bestätigung der Differenzmethode: FamRZ 1982, 892, 893.

[46] Mager DAVorm 1979, 251; Ehlert FamRZ 1980, 1083; Schwab, Handbuch, Rz 326; vgl. auch Christian ZblJR 1982, 559, 562; a. A. Christl NJW 1982, 961, 963; Gernhuber FamR § 21 II 7., S. 237 für Bezieher geringerer Einkommen.

[47] FamRZ 1981, 851, 853; vgl. auch Schwab, Handbuch, Rz 326.

bei, mit Hilfe des Quotenverfahrens werde zwar nicht der angemessene Lebensbedarf i. S. d. § 1587 Abs. 1 ermittelt, wohl aber der „billige" Unterhalt i. S. d. § 1581 S. 1. Indessen weist dieser Gedanke auf einen entscheidenden Gesichtspunkt hin: Die Verpflichtung zur Gewährung billigen Unterhalts setzt Unfähigkeit zur Leistung des angemessenen voraus. Die präzise Feststellung dieses Unvermögens ist jedoch mit Hilfe des Quotenverfahrens nicht möglich. Dies gilt um so mehr, wenn man als Ergebnis der Bedarfsermittlung Beträge akzeptiert und gegebenenfalls zur Grundlage weiterer Berechnungen macht[48], die die Mindestbedarfssätze unterschreiten. Diese Auffassung verkennt den Begriff der Angemessenheit: Bedarfssätze, die nicht zumindest eine einfache Lebensführung erlauben, können nie angemessen sein[49]. Die mit diesem Verfahren verbundene Vermengung der systematischen Elemente Bedarf und Leistungsfähigkeit führt außerdem, worauf Ehlert[50] zu Recht hingewiesen hat, zu einer Verschlechterung der prozessualen Rechtsstellung des Berechtigten. Der Einwendungscharakter der fehlenden Leistungsfähigkeit geht verloren.

Die Ergebnisse des Quotenverfahrens sind darüber hinaus nicht in der Lage, die Funktionen des Bedarfsbegriffs[51] im System des Unterhaltsrechts zu erfüllen. Weder vermögen sie in Mangelfällen eine anteilige Kürzung an Hand korrekt gewonnener Einsatzbeträge zu gewährleisten[52]; noch erlauben sie, wie die mit der Differenzmethode zusammenhängenden Probleme[53] verdeutlichen, das Ausmaß der Bedürftigkeit exakt zu bestimmen. Auch eine Begrenzung des Bedarfs nach oben läßt sich kaum nachvollziehbar angeben, so daß infolge der regelmäßig vollständigen Verteilung des verfügbaren Einkommens nachrangige Berechtigte in aller Regel leer ausgehen[54].

b) Vorsorgebedarf

Gedankliche Grundlage der Ermittlung des Vorsorgebedarfs ist die sogenannte Verdienstersatzfunktion[55] des Elementarunterhalts. Dement-

---

[48] So etwa BGH FamRZ 1982, 679.
[49] Vgl. oben § 2 A.
[50] FamRZ 1980, 1083, 1084.
[51] Vgl. hierzu die einleitende Vorbemerkung zum 2. Kapitel.
[52] Anders, wenn man Mindestbedarfssätze heranzieht, vgl. Hammer Leitlinien FamRZ 1981, 1211, 1214 Ziff. 37. Zur Problematik vgl. unten § 6 B. I. 1.
[53] Hampel FamRZ 1981, 851, 854; AG Charlottenburg FamRZ 1981, 1182; vgl. auch v. Hornhardt NJW 1982, 17. In diesem Zusammenhang sei darauf hingewiesen, daß es sich bei Fragen des Aufstockungsunterhalts gem. § 1573 Abs. 2 um Probleme der Bedürftigkeit handelt. Es geht nicht, wie die Differenzmethode suggeriert, um Bedarfsermittlung.
[54] Ehlert FamRZ 1980, 1083, 1084.
[55] Für diesen Anknüpfungspunkt hat sich der BGH in FamRZ 1981, 442 —

§ 3 Verfahren zur Bedarfsermittlung

sprechend wird auf der Grundlage eines mit Hilfe des Quotenverfahrens ermittelten fiktiven Elementarbedarfs[56] ein entsprechendes fiktives Bruttoeinkommen errechnet[57]. Der diesem entsprechende Betrag zur gesetzlichen Rentenversicherung ergibt dann den angemessenen Vorsorgebedarf. Dieses Verfahren führt indessen scheinbar zu fragwürdigen Ergebnissen. Dies gilt insbesondere für die unter Vorwegabzug des Vorsorgebedarfs[58] durchgeführte Berechnung des endgültigen Elementarbedarfs, die zu einer Verminderung des frei verfügbaren, nicht zweckgebundenen Elementarunterhalts führt. In Mangelfällen, in denen der Berechtigte die Deckung seines Vorsorgebedarfs ohnehin nicht fordern kann[59], partizipiert er gleichwohl nur mit dem reduzierten Einsatzbetrag am Verteilungsverfahren. Er läuft also Gefahr, sich schlechter zu stehen, wenn er Vorsorgeunterhalt fordert.

Ob diese Konsequenzen mit dem Vorrang des Elementarunterhalts gegenüber dem Vorsorgeunterhalt[60] vereinbar sind, ist auf den ersten Blick zwar zweifelhaft, im Ergebnis jedoch zu bejahen[61]. Der Vorsorgebedarf stellt gegenüber dem Elementarbedarf eine bestimmte Kategorie des Mehrbedarfs[62] dar. Generell läßt sich sagen, daß jede Art von Mehrbedarf bei gleichbleibendem Einkommen das Maß der Bedarfsdeckung reduziert. Auf diesen Gesichtspunkt lassen sich auch die oben als fragwürdig angeführten Ergebnisse der h. M. zurückführen. Mit dem Vorrang des Elementarunterhalts gegenüber dem Vorsorgebedarf hat diese Problematik nichts zu tun. Dieser Vorrang wird erst im Rahmen eingeschränkter Leistungsfähigkeit relevant, während hier die Frage der — interdependenten — Bedarfsermittlung zur Erörterung steht. Al-

---

bestätigt in FamRZ 1982, 679, 680 — im Anschluß an eine in der Lit. und Rspr. verbreitete Ansicht entschieden: OLG Bremen FamRZ 1979, 121, 123; OLG Stuttgart FamRZ 1979, 588, 589; OLG Celle FamRZ 1980, 896, 897; Rolland § 1578 Rz 11; MünchKomm-Richter, Ergänzung zu § 1578 Rz 14 Anm. e; Friederici NJW 1977, 2250, 2251; Palandt / Diederichsen § 1578 Anm. 3; Erman / Ronke § 1578 Rz 13. Nunmehr ebenso Soergel / Herm. Lange § 1361 Rz 14; Soergel / Häberle § 1578 Rz 27; Göppinger / Wenz Rz 967; Hammer Leitlinien FamRZ 1981, 1211, 1213 Ziff. 28. Zu anderen Auffassungen vgl. die Nachweise bei BGH FamRZ 1981, 442.

[56] „Nettobemessungsgrundlage" — vgl. OLG Bremen FamRZ 1982, 989. Der endgültige Elementarbedarf ergibt sich aus dem um den Vorsorgebedarf verminderten Einkommen im Wege des Quotenverfahrens. Vgl. BGH FamRZ 1981, 442, 445 im Anschluß an Hampel FamRZ 1979, 249, 254 und Bartsch JZ 1978, 180, 182 f.

[57] „Bruttobemessungsgrundlage" — vgl. hierzu die Tabelle des OLG Bremen FamRZ 1982, 989.

[58] Vgl. oben Fn. 56.

[59] Vgl. unten § 7 B. II.

[60] Vgl. unten § 7 B. II.

[61] MünchKomm-Richter, Ergänzung zu § 1578 Rz 14, Anm. d.

[62] Mehrbedarf kann verschiedene Ursachen haben: er kann berufs- oder betreuungsbedingt sein oder auf Alter oder Krankheit beruhen. Vgl. hierzu Christl NJW 1982, 961, 966 ff.

lerdings ist der h. M. eine inkonsequente Handhabung dieses Gedankens anzulasten. So richtig es ist, daß der Vorsorgebedarf des berechtigten Ehegatten die ehelichen Lebensverhältnisse prägt, so beeinflußt er über die Lebensstellung des verpflichteten Ehegatten auch die Lebensstellung der berechtigten, abhängigen Kinder. Dem kann indessen die h. M. aufgrund der Unvereinbarkeit von Quotenverfahren und dem Verfahren zu Ermittlung des Kindesbedarfs[63] nicht Rechnung tragen. Festzuhalten bleibt außerdem, daß auch in diesem Zusammenhang der Elementarbedarf den Mindestbedarf nicht unterschreiten kann. Dies gilt auch insoweit, als er nur die Grundlage für die Berechnung des Vorsorgebedarfs bildet[64].

§ 4 Vorschlag zur interdependenzengerechten Bedarfsermittlung

Vorbemerkung

Die Problematik der pauschalierenden Bedarfsermittlung besteht im wesentlichen darin, die „Relation Einkommen — Bedarf — Zahl der Unterhaltsberechtigten"[1] mit rechnerischen Mitteln zu erfassen. Mathematisch läßt sich der angemessene Bedarf generell als Funktion zweier Variablen erfassen, nämlich der Deckungsmasse einerseits und der Zahl der Konkurrenten andererseits.

Im konkreten Berechnungsfall sind diese Daten jedoch bekannt, ebenso wie weitere unterhaltsrelevante Charakteristika der Beteiligten[2]. Ebenso bekannt sind die gängigen Mindestbedarfssätze, die auch von den gebräuchlichen Tabellenwerten jedenfalls für den Kindesunterhalt als Basisbeträge herangezogen werden.

Bereits oben wurde auf die Bedeutung der Lebensstellung für die Bedarfsermittlung hingewiesen[3]. Demgegenüber ist es bemerkenswert, daß bisher kein ernsthafter Versuch unternommen wurde[4], diesen Faktor und damit letztlich das gesamte Verfahren der Bedarfsermittlung numerisch zu erfassen. Die Ableitung eines Index für die Lebensstellung dürfte es erlauben, die Bedarfsrechnung den oben skizzierten gesetzlichen Anforderungen[5] präziser anzupassen.

---

[63] Vgl. bereits oben B. I.
[64] a. A. BGH FamRZ 1982, 679; hierzu bereits oben B. II. 1. b) bei Fn. 48.
[1] Christian ZblJR 1982, 559, 566 f.
[2] Insbesondere die Frage, ob sie eine abgeleitete oder eine originäre Lebensstellung innehaben.
[3] Vgl. oben § 2 B. I.
[4] Ausnahme: Spangenberg DAVorm 1980, 769, dessen Vorschlag bisher in der Praxis jedoch keine Resonanz erfahren hat.
[5] Vgl. oben § 2.

§ 4 Vorschlag zur interdependenzengerechten Bedarfsermittlung 43

A. Der Vorschlag im einzelnen

I. Wahl der Basisbedarfssätze

Soll der angemessene Bedarf mit Hilfe eines Index für die Lebensstellung ermittelt werden, so bedarf es hierfür eines Basiswertes. Insofern bietet es sich an, die Mindestbedarfssätze als Berechnungsgrundlage zu wählen[6]. Dabei soll die berechtigte Kritik an den derzeitig gebräuchlichen Werten[7] nicht übersehen werden; das rechtspolitische Postulat nach Ermittlung in sich widerspruchsfreier Beträge[8] sei hier nachdrücklich unterstützt. Zwar kann ein Berechnungsverfahren nur insoweit überzeugende Ergebnisse präsentieren, als auch die ihm zugrundeliegenden Ausgangsdaten diesen Anforderungen genügen. Dennoch steht im vorliegenden Zusammenhang das Berechnungsverfahren als solches im Vordergrund, das seine Aufgabe auch bei Zugrundelegung von allseits akzeptablen Mindestbedarfssätzen erfüllen würde. Da solche Werte gegenwärtig nicht verfügbar sind, soll — auch im Hinblick auf die gesetzliche Vermutung für die Richtigkeit einzelner Beträge[9] — von den gegenwärtig eingebürgerten Beträgen ausgegangen werden: Soweit minderjährige Kinder Unterhalt begehren, seien die Beträge der RegUnterhV[10] zugrunde gelegt, für Ehegatten und volljährige Verwandte die sich aus der Düsseldorfer Tabelle ergebenden Werte[11].

II. Bedarfsermittlung anhand eines Index für die Lebensstellung (I_L)

Der Weg von den Basisbedarfssätzen zum angemessenen Bedarf erfordert es, die Lebensstellung anhand eines Zahlenwertes darzustellen. Zu diesem Zweck sei als Index für die Lebensstellung das Verhältnis von angemessenem Bedarf zum Basisbedarf definiert, so daß andererseits das Produkt von Basisbedarf und diesem Index den angemessenen Bedarf ergibt[12]. Da der angemessene Bedarf niemals geringer bemessen

---

[6] Ebenso Spangenberg DAVorm 1980, 769, 772 f.
[7] Christian ZblJR 1982, 559, 567; Huvale ZblJR 1982, 577, 583 f.; Jäger ZblJR 1982, 590, 600; Puls ZblJR 1982, 603, 607—610; Stephan ZfSH 1981, 297, 298. Vgl. auch oben § 2 B. V. mit Fn. 53 u. 55.
[8] Puls ZblJR 1982, 613.
[9] So jedenfalls Göppinger / Göppinger Rz 631 im Hinblick auf §§ 1615 f. Abs. 1 S. 2, 1610 Abs. 3. M. E. jedoch zweifelhaft, da andere Normen zu anderen Beträgen kommen: vgl. etwa die Regelbedarfssätze des § 22 BSHG und Huvale ZblJR 1982, 577, 583.
[10] Derzeit je nach Altersgruppe 207,—, 251,— oder 297,— DM.
[11] FamRZ 1981, 1207, 1208; vgl. hierzu die Beispiele von Puls ZblJR 1982, 603, 607.
[12] Spangenberg DAVorm 1980, 769, 772.

sein darf, kann der Index für die Lebensstellung niemals kleiner als 1 sein. Damit ist das Verfahren bereits zu einem wesentlichen Teil vorgezeichnet. Noch beizubringende Voraussetzung für die Ermittlung des angemessenen Bedarfs im Einzelfall ist der jeweilige Index für die Lebensstellung des oder der betreffenden Berechtigten.

1. Die Ermittlung des Index für die Lebensstellung — Grundkonstellation

Als Grundkonstellation sei hier der Fall bezeichnet, in dem die Lebensstellung sämtlicher Beteiligten voneinander wechselbezüglich abhängig sind. Diese Situation war oben[13] dafür maßgebend, daß von „familiären Lebensverhältnissen" gesprochen wurde. Wenn es richtig ist, daß die Lebensstellung allein von wirtschaftlichen Faktoren bestimmt wird, so liegt es nahe, sie als das Verhältnis der finanziellen Mittel, die zur Bedarfsdeckung heranzuziehen sind, zu der Summe der an Hand dieser Mittel zu befriedigenden Bedürfnisse zu definieren. Um für die Lebensstellung einen Index zu erhalten, ist es erforderlich, eine Beziehung zwischen der Deckungsmasse einerseits und der Summe der Basisbedarfssätze andererseits herzustellen[14].

Dieses Verfahren ermöglicht folgende Ergebnisse:

— die verfügbaren Mittel übersteigen die Summe der Grundbedürfnisse.

> Beispiel: Ein erwerbstätiger Ehemann hat ein Einkommen in Höhe von 4000,— DM netto. Er unterhält damit eine Ehefrau und zwei Kinder im Alter von 10 und 15 Jahren. Summe der Grundbedürfnisse (nach der Düsseldorfer Tabelle): 900,— + 605,— + 251,— + 297,— DM = 2053 DM; I_L = 4000 : 2053 = 1,9484. Die Unterhaltsansprüche belaufen sich demnach auf 1178,78 DM für die Ehefrau und auf 489,05 DM bzw. 578,67 DM für die Kinder.

Der Index für die Lebensstellung ist größer als 1. Die Lebensstellung der Berechtigten erlaubt eine das Maß der notwendigen Bedarfsdeckung überschreitende Lebensführung.

— Die verfügbaren Mittel entsprechend der Summe der Grundbedürfnisse: Der Index für die Lebensstellung ist 1, d. h., die Berechtigten bleiben auf notwendige Bedarfsdeckung beschränkt.

---
[13] § 2 B. III. 2.
[14] Spangenberg DAVorm 1980, 769, 772 arbeitet mit anderen Bezeichnungen, meint jedoch dasselbe: er verwendet synonym zum hier gebrauchten Begriff des Basisbedarfs die Bezeichnung R_n; der Quotient $N : R_s$ steht anstelle von I_L, wobei N das Einkommen und R_s die Summe der Grund- oder Basisbedürfnisse bezeichnet. M. E. ist es jedoch sinnvoll, den Quotienten $N : R_s$ als Index für die Lebensstellung besonders hervorzuheben, da sich mit Hilfe dieses Index manche Entscheidungen transparenter gestalten lassen; vgl. hierzu unten B. Abzulehnen ist m. E. die von Spangenberg a.a.O. S. 775 vorgeschlagene Tabelle, da sie zu unübersichtlich ist und gegenüber dem obigen Berechnungsverfahren kaum eine praktische Erleichterung bietet.

§ 4 Vorschlag zur interdependenzengerechten Bedarfsermittlung

— Die verfügbaren Mittel bleiben hinter der Summe der Grundbedürfnisse zurück: Der Index für die Lebensstellung kann jedoch nicht kleiner beziffert werden als 1. Das Produkt von Basisbedarf und Index würde sonst unter den Mindestbedarf absinken. Dies kann nicht das Resultat der Bedarfsermittlung sein, sondern lediglich für den Unterhaltsanspruch als Rechtsfolge der beschränkten Leistungsfähigkeit eintreten.

2. Bedarfsermittlung bei Divergenzen zwischen den Lebensstellungen der Beteiligten

Eine besondere Behandlung erfordern die Konstellationen, in denen keine vollständige Interdependenz zwischen den Lebensstellungen der Beteiligten besteht. Insoweit sind zwei Fälle zu trennen.

a) Der Selbstbehalt des Verpflichteten

Die bisherigen Erörterungen berücksichtigen noch nicht die Besonderheit, daß die Lebensstellungen von Verpflichtetem und Berechtigten nicht in allen Fällen identisch sind: Gegenüber der Bedarfsdeckung der Berechtigten steigert sich der Selbstbehalt des Verpflichteten vorrangig vom notwendigen zum angemessenen[15]. Bezogen auf den Index für die Lebensstellung bedeutet dies: Während der Index für die Berechtigten auf 1 verharrt, steigt der des Verpflichteten zunächst auf 1,3 ...[16], bis eine weitere Zunahme der verfügbaren Mittel eine Angleichung des Index auch der Berechtigten auf dieses Niveau erlaubt[17]. Diese Problematik läßt sich wie folgt berücksichtigen. Vom verfügbaren Einkommen des Verpflichteten wird vorweg dessen angemessener Selbstbehalt subtrahiert. Sodann verfährt man mit dem verbleibenden Betrag in der geschilderten Weise, allerdings nur unter Berücksichtigung der Berechtigten. Ergibt sich dann ein Index für die Lebensstellung, der kleiner als 1 wäre, so ist dieser mit 1 zu beziffern. Der fehlende Differenzbetrag ist durch Reduzierung des Selbstbehalts bis zur Grenze des notwendigen Selbstbehalts zu realisieren.

Beispiel: Einkommen des Verpflichteten 2250,— DM, ansonsten wie oben S. 44. Zieht man den angemessenen Bedarf des Verpflichteten von dessen Einkommen ab, so steht der Summe der Mindestbedürfnisse auf seiten der Berechtigten in Höhe von 1153,— DM ein Betrag von 1050,— DM gegenüber. I_L beläuft sich auf 0,9106, so daß die Mindestbedarfssätze der Berechtigten nicht gedeckt sind. Auf Kosten des angemessenen Selbstbehalts des Verpflichteten muß dies jedoch gewährleistet werden. Das bedeutet hier:

---
[15] § 2 B. IV.
[16] Dieser Wert beruht auf den Angaben der Düsseldorfer Tabelle: 1200,—/900,— DM.
[17] Vgl. oben § 2 B. IV.

Der Verpflichtete kann nur einen Selbstbehalt von 1097,— DM beanspruchen; sein I_L beträgt 1,2189, der der Berechtigten 1.

Bewegt sich der Index zwischen 1 und 1,3..., so sind die Resultate endgültig.

Beispiel: Einkommen des Verpflichteten 2500,— DM, ansonsten wie oben S. 44. Nach Abzug des angemessenen Selbstbehalts verbleibt ein verfügbarer Betrag von 1300,— DM. Der I_L der Berechtigten beträgt 1,1275, ihre Ansprüche belaufen sich auf 682,14 DM, 283,— DM, 334,86 DM.

Ergibt sich ein Index, der größer ist als 1.3..., so ist auch der Verpflichtete wieder in die Berechnung einzubeziehen, da nunmehr die Lebenstellungen aller Beteiligten wieder identisch sind[18].

Diese Situation liegt dem Beispiel auf S. 44 zugrunde.

b) Originäre oder fixierte[19] Lebensstellung eines Berechtigten

Insoweit empfiehlt sich folgendes Verfahren: Zunächst wäre der Bedarf dieses Berechtigten unabhängig von dem der anderen Konkurrenten in der oben beschriebenen Weise zu ermitteln[20]. Der auf diesen Bedarf entfallende Einkommensanteil des Verpflichteten ist sodann bei der Ermittlung des Bedarfs der anderen Berechtigten außer acht zu lassen. Damit wird der Rechtslage Rechnung getragen, daß der Bedarf des unabhängigen Berechtigten zwar die Lebensstellung seiner Konkurrenten beeinflußt, dies in umgekehrter Richtung jedoch nicht gilt[21].

Beispiel: Die Ehe sei geschieden. Die ehelichen Lebensverhältnisse im Zeitpunkt der Scheidung entsprachen einem I_L von 1,4. Das Einkommen des Verpflichteten beläuft sich auf 3500,— DM, ansonsten wie oben S. 44 mit der Ausnahme, daß der Mindestbedarf der Ehefrau infolge eigener Haushaltsführung 825,— DM beträgt. Vom Einkommen abzusetzen ist der Anspruch der geschiedenen Frau in Höhe von 1155,— DM (825,— multipliziert mit 1,4). Es verbleiben 2345,— DM. Der I_L für den Verpflichteten und die anderen Berechtigten beläuft sich auf 1,6195, die Ansprüche der Kinder mithin auf 406,49 DM bzw. 480,99 DM.

3. Ermittlung des Vorsorgebedarfs

Auf der nunmehr gewonnenen Grundlage des angemessenen Elementarbedarfs läßt sich der Vorsorgebedarf ohne weiteres ermitteln. Auch im Rahmen dieses Verfahrens ist es praktikabel, den Vorsorgebedarf aufgrund eines fiktiven Elementarbedarfs zu ermitteln, den endgülti-

---

[18] Vgl. oben § 2 B. IV.
[19] Vgl. oben § 2 B. I.
[20] Basisbedarf multipliziert mit dem isoliert ermittelten I_L dieses Berechtigten.
[21] Vgl. bereits oben § 2 C.

gen Elementarbedarf aller Berechtigten jedoch erst nachträglich unter Vorwegabzug des auf den Vorsorgebedarf entfallenden Einkommensanteils.

Beispiel: Im Beispiel oben (S. 44) steht der Frau der Mindestbedarfssatz von 825,— DM zu, ansonsten wie dort. Fiktiver I_L = 4000 : 2273 = 1,7598; damit fiktiver Elementarbedarf der Frau 1451,84 DM; hierauf entfallender Vorsorgebedarf: 347,57 DM; Berechnung der endgültigen Bedarfssätze: I_L = (4000 —347,57): 2273 = 1,6069. Bedarf der Ehefrau somit 1325,69 DM Elementarbedarf zuzüglich 347,57 DM Vorsorgebedarf[22].

Damit trägt dieses Verfahren auch der oben aufgestellten Forderung[23] Rechnung, daß eine Bedarfssteigerung von allen Beteiligten getragen werden muß, deren Lebensstellungen interdependent verknüpft sind.

B. Zur Kritik des vorgeschlagenen Verfahrens

Abschließend sei in diesem Zusammenhang kurz auf denkbare Einwendungen gegen das vorgeschlagene Verfahren eingegangen.

Im Vordergrund steht nach meiner Einschätzung der denkbare Einwand, das vorgeschlagene Verfahren stelle lediglich einen modifizierten Unterhaltsschlüssel dar. Wenngleich dieser Einwand berechtigterweise nicht von den Anhängern des Quotenverfahrens erhoben werden dürfte, läßt sich doch nicht bestreiten, daß das hier vorgeschlagene Verfahren letztlich zu einer Verteilung des Einkommens an Hand gewisser, gegenüber den Unterhaltsschlüsseln sicher verbesserter Kriterien führt. Das zeigt sich auch daran, daß das Verfahren in seiner bisher dargestellten Form einen regelmäßigen Ausschluß nachrangiger Berechtigter nicht zu verhindern vermag[24]. Dennoch bin ich der Auffassung, daß die hier angesprochene denkbare Kritik letztlich nicht durchgreift.

Zunächst sei erwähnt, daß die Bedarfsermittlung im Hinblick auf die dargestellten Interdependenzen notwendig ein distributives Element

---

[22] Das Ergebnis ist dem Einwand ausgesetzt — dieser Einwand gilt auch für das vom BGH gebilligte Verfahren, vgl. die Kritik von Gröning FamRZ 1982, 459, 460; das von Gröning a.a.O. vorgeschlagene Verfahren ist indessen reichlich kompliziert und steht insofern in einem gewissen Mißverhältnis zu der Höhe der auftretenden Abweichungen —, daß der Vorsorgebedarf gerade nicht dem Elementarunterhalt entspreche, sondern aufgrund des Vorwegabzugs des Vorsorgeunterhalts bei der Berechnung des endgültigen Elementarunterhalts relativ zu diesem überhöht bzw. umgekehrt jener zu niedrig sei. M. E. kann diese Differenz vernachlässigt werden. Will man sich dem nicht anschließen, kann man den Differenzbetrag anteilig auf die einzelnen Bedarfssätze umlegen.

[23] § 3 B. II. 2. b).

[24] Kritisch zum Unvermögen des Quotenverfahrens, diese Frage zu lösen, oben § 3 B. II. 2. a).

enthalten muß. Im hier vorgeschlagenen Verfahren ist dieses Element jedoch nur denkbar schwach angedeutet; soweit verteilt wird, geschieht dies ausschließlich bedarfsorientiert. Hierin ist der grundlegende Unterschied zu Unterhaltsschlüsseln und auch zum Quotenverfahren zu sehen. Was den Ausschluß nachrangig Berechtigter angeht, so sei auf die unten zu erörternde Frage des Begriffs des Nachrangs verwiesen[25]. Dort wird sich zeigen, daß auch in diesem Zusammenhang mit dem Index für die Lebensstellung ein geeignetes Instrument zur Verfügung steht, die erwähnte Frage zu lösen.

Am Rande sei auf die Vorzüge des hier vorgeschlagenen Verfahrens für weitere, zum Teil bereits angesprochene Fragen hingewiesen. So läßt sich etwa die Frage nach einer Sättigungsgrenze[26] mit Hilfe eines Index für die Lebensstellung anschaulich beurteilen. Die Abgrenzung zwischen gehobener Bedarfsdeckung und luxuriöser Lebensführung ist kaum an Hand absoluter Geldbeträge ohne Bezug zum Basisbedarf zu lösen. Der Grad der Überdeckung des Basisbedarfs, wobei letzterer im Hinblick auf individuelle Besonderheiten auch abweichend von den Tabellensätzen festgesetzt werden kann, scheint mir als Entscheidungsgrundlage demgegenüber geeigneter.

Auch der Rahmen zulässiger Dispositionen über Lebensstellung und eheliche Lebensverhältnisse[27] ist mit Hilfe des Index praktikabel abzugrenzen. Erlauben die Einkommensverhältnisse etwa einen derartigen Index zwei, entsprechen die tatsächlichen Verhältnisse jedoch einem solchen von 1,5, so lassen sich an Hand dieser Werte nachvollziehbare Entscheidungen formulieren.

Auch im Rahmen von Abänderungsentscheidungen gemäß § 323 ZPO vermag der Index für die Lebensstellung wesentliche Anhaltspunkte für die Entscheidung zu bieten. Dies gilt insbesondere dann, wenn die Lebensstellung festgeschrieben ist, sei es aufgrund einer rechtskräftigen Entscheidung[28] oder sei es aufgrund materiellen Unterhaltsrechts[29].

Zusammenfassung zum zweiten Kapitel

In Fällen hinreichender Leistungsfähigkeit verantwortet die Bedarfsermittlung die Verteilungsgerechtigkeit.

---

[25] Vgl. unten § 6 C.
[26] § 2 B. V.
[27] § 2 B. II.
[28] § 323 ZPO erlaubt eine Durchbrechung der Rechtskraft nur insoweit, als eine wesentliche Veränderung der für die rechtskräftige Entscheidung maßgeblichen Verhältnisse eingetreten ist; vgl. Göppinger / Wax Rz 3246 m. w. N.
[29] Zur Fixierung der ehelichen Lebensverhältnisse vgl. oben § 2 B. I.

Zusammenfassung

Die Höhe des angemessenen Bedarfs, auf dessen Deckung regelmäßig Anspruch besteht, hängt von den ehelichen Lebensverhältnissen oder der Lebensstellung des Berechtigten ab. Letztere ist allerdings in einer Vielzahl praktisch relevanter Konstellationen — vor allem im Bereich der Kleinfamilie — mit der des Verpflichteten identisch, so daß der Grad der Bedarfsdeckung dann einheitlich für alle Beteiligten von den „familiären Lebensverhältnissen" bestimmt wird.

Geprägt werden diese Verhältnisse zum einen von den zur Bedarfsdeckung verfügbaren Geldmitteln, zum anderen von der Anzahl der konkurrierenden Berechtigten und der Höhe ihrer Ansprüche. Dieser konkurrenzrelevante Aspekt bewirkt eine vollständige Interdependenz zwischen den Lebensstellungen der Mitglieder der Kleinfamilie.

Die herkömmlichen Verfahren zur abstrakten Bedarfsermittlung vermögen diese Wechselbezüglichkeiten nicht adäquat zu bewältigen. Dies gilt für die am weitesten verbreitete Düsseldorfer Tabelle, insbesondere deshalb, weil sie zwei inkompatible Berechnungsverfahren für die Ermittlung des Kindesbedarfs einerseits und des Ehegattenbedarfs andererseits anbietet.

Aufgrund dieser Erwägungen erscheint es legitim, ein den genannten Interdependenzen zugängliches Verfahren vorzuschlagen. Zentrales Anliegen dieses Vorschlages ist die Definition eines Index für die Lebensstellung. Auf der Grundlage von Basisbedarfssätzen, die gleichzeitig den Mindestbedarf determinieren, ergibt sich der angemessene Bedarf als Produkt dieser Beträge mit jenem Index. Die Ermittlung des Index für die Lebensstellung, der im Hinblick auf den Begriff der Angemessenheit[1] den Zahlenwert 1 nicht unterschreiten kann, erfolgt durch Feststellung des Verhältnisses von zur Bedarfsdeckung verfügbaren Geldmitteln zu der Summe der Basisbedarfssätze.

Die an Hand dieses Verfahrens erzielbaren Ergebnisse gewährleisten die Identität interdependenter Lebensstellungen unter Wahrung der Möglichkeit, auch abweichende Konstellationen[2] systemkonform zu bewältigen.

---

[1] Vgl. § 2 A.
[2] Vgl. die Konstellationen in § 4 A. II. 2.

Drittes Kapitel

Die Leistungsfähigkeit des Verpflichteten in Konkurrenzsituationen

Einleitende Vorbemerkung

Die praktische Relevanz der Leistungsfähigkeit bzw. -unfähigkeit[1] des Verpflichteten ist groß. Eine erhebliche Anzahl von Unterhaltsberechtigten vermag vom Verpflichteten die für eine angemessene Bedarfsdeckung erforderlichen Geldmittel nicht zuletzt auch aufgrund einer Konkurrenzlage nicht zu erlangen[2]. Die Gewährleistung von „Verteilungsgerechtigkeit"[3] in diesen Konkurrenz- und daraus resultierend auch Mangelsituationen obliegt dem Strukturelement „Leistungsfähigkeit". Die Wirkungsweise dieses Elements ist durch zwei Funktionen gekennzeichnet:

— Zu klären ist zum einen, ob der Verpflichtete zur Unterhaltsgewährung „außerstande" ist[4]. Dies erfordert die Determinierung einer Opfergrenze.

---

[1] Vgl. die §§ 1603, 1581; soweit Unterhaltsansprüche nicht ausdrücklich von der Leistungsfähigkeit abhängig sind — §§ 1360, 1360 a, 1361 und §§ 58 ff. EheG —, gilt dieses Erfordernis gleichwohl. Die Auffassung von Göppinger / Wenz Rz 1122, in diesen Fällen wirke sich die Leistungsfähigkeit unmittelbar auf das Maß der Bedarfsdeckung aus, vermag ich nicht zu teilen. Diese Auffassung verkennt den Begriff der Angemessenheit im Hinblick auf die Bedarfsdeckung; — vgl. hierzu oben § 2 A.

[2] Nach Angaben des Landesamtes für Datenverarbeitung und Statistik in Düsseldorf betrug der durchschnittliche Bruttolohn Ende April 1982 2614,— DM, das durchschnittliche Bruttogehalt 3317,— DM/Monat (zit. nach Süddeutscher Zeitung v. 3. 8. 1982). Die entsprechenden Nettobezüge dürften sich auf ca. 2240,— bzw. 1880,— DM belaufen. Addiert man demgegenüber nur die Mindestbedarfssätze auch nur einer vier- bis fünfköpfigen Familie, so läßt sich ein Eindruck von der praktischen Häufigkeit derartiger Mangelfälle gewinnen. Zwar dürfte der Prozentsatz relevanter Vermögenseinkommen in den letzten Jahren gestiegen sein. Bei den von den vorliegend erörterten Problemen betroffenen Bevölkerungsgruppen wird dieser Gesichtspunkt jedoch kaum von großem Gewicht sein.

[3] Brüggemann, 2. DFGT, S. 71, 78.

[4] Vgl. §§ 1603 Abs. 1, 1581 S. 1; aus dieser Formulierung des Gesetzes ergibt sich, daß die Leistungsunfähigkeit eine — rechtshindernde — Einwendung begründet, vgl. Soergel / Herm. Lange § 1603 Rz 16.

§ 5 Konkurrenzrelevante Einzelfragen — Vorbemerkung

— Zum anderen verbindet dieses Strukturelement sämtliche gegen denselben Verpflichteten gerichteten Unterhaltsansprüche — sonstige, zu berücksichtigende Verpflichtungen i. S. d. §§ 1603 Abs. 1, 1581 S. 1 — und begründet auf diese Weise — zum Teil interdependente — Abhängigkeiten. Funktionell weist dieses Element damit offensichtlich Parallelen zur Bedeutung der Lebensstellung auf, jedoch ohne die dort gegebene Beschränkung auf besonders eng miteinander verbundene Personen[5].

Die Untersuchung der sich hieraus ergebenden Zusammenhänge bildet den Gegenstand des folgenden Kapitels. Bevor allerdings die erwähnten Abhängigkeiten detaillierter angesprochen werden, soll zunächst die Grenze der Belastbarkeit des Verpflichteten selbst erörtert werden. Die sich hieran anschließenden Paragraphen gehen demgegenüber davon aus, daß der Verpflichtete zur Gewährung angemessenen Unterhalts nicht in der Lage ist.

§ 5 Die Leistungsfähigkeit des Verpflichteten — konkurrenzrelevante Einzelfragen

Vorbemerkung

Den verfügbaren Mitteln des Verpflichteten stehen verschiedene Passivpositionen gegenüber: vor allem die Unterhaltsansprüche der Berechtigten und die sonstigen Verbindlichkeiten. Beide Kategorien werden an anderer Stelle untersucht[1]. Daneben muß der Verpflichtete jedoch auch seinen eigenen Bedarf decken. Den hiermit verbundenen Fragen um den sogenannten Selbstbehalt soll zunächst nachgegangen werden. Darauf folgt eine Darstellung der Auswirkungen von Kindergeldleistungen auf Unterhaltsansprüche. Dies geschieht einerseits stellvertretend für andere Sozialleistungen, deren Erörterung in diesem Zusammenhang mir nicht unbedingt erforderlich zu sein scheint[2]; andererseits erfolgt die Darstellung eher in Form eines Exkurses, da sich die Folgen der Kindergeldzahlungen nicht konsequent einem unterhaltsrechtlichen Strukturelement zuweisen lassen, ich aber eine zusammenhängende Darstellung dennoch für wünschenswert und zweckmäßig halte.

---

[5] Vgl. oben § 2 B. IV.; § 2 C.

[1] Vgl. § 1 B.; § 6.

[2] Es wird nicht verkannt, daß andere Sozialleistungen gegenüber dem Kindergeld erhebliche Besonderheiten aufweisen; eine umfassende Darstellung der hiermit verbundenen Probleme würde jedoch den Rahmen der vorliegenden Arbeit sprengen.

52 3. Kap.: Die Leistungsfähigkeit des Verpflichteten

Sowohl beim Selbstbehalt wie auch bei den Auswirkungen von Kindergeldzahlungen stellt sich die Frage, wie sicherzustellen ist, daß bestimmte, für einen Berechtigten bestimmte Vorteile diesem auch zugute kommen. Diese Thematik ist Gegenstand des sich anschließenden Abschnittes C.

A. Der Selbstbehalt des Verpflichteten

I. Begriff und Funktion des Selbstbehaltes

Das Gesetz kennt den in der Praxis eingebürgerten Begriff „Selbstbehalt" nicht. Es spricht demgegenüber vom „eigenen... Unterhalt"[3] des Verpflichteten. Gemeint ist mit beiden Begriffen dasselbe. Im Konflikt zwischen Berechtigtem und Verpflichtetem muß zunächst der Bedarf des Verpflichteten gedeckt werden. Denn das Verlangen nach Bedarfsdeckung auf beiden Seiten kann nicht dazu führen, daß der Verpflichtete seinerseits bedürftig wird[4]. Dies würde in letzter Konsequenz nicht nur mittelbare Unterhaltsansprüche[5] begründen und Fürsorgeleistungen des Staates[6] für an sich zur Selbstversorgung fähige Personen erfordern, sondern letztlich das gesamte Unterhaltsrecht ad absurdum führen.

Der Selbstbehalt bestimmt das Ausmaß der zumutbaren Selbsteinschränkung des Verpflichteten und markiert dessen Opfergrenze. Jenseits dieser Grenze treten für Ansprüche der Berechtigten die Folgen beschränkter Leistungsfähigkeit ein.

1. Stufen des Selbstbehaltes

a) Angemessener, notwendiger und billiger Selbstbehalt

Grundsätzlich genießt die angemessene Bedarfsdeckung des Verpflichteten Vorrang vor der des Berechtigten[7].

Einschränkungen erfährt dieser Grundsatz jedoch gegenüber zwei Personengruppen: Eltern sind gegenüber ihren minderjährigen unver-

---

[3] Vgl. § 1581 S. 1; § 59 Abs. 1 S. 1 EheG; ähnlich § 1603 Abs. 1.
[4] Vgl. Red.-Mot. der I. Kommission, IV., S. 1293 — zu § 1603 a. F. —: „Im allgemeinen kann es als eine Anforderung der sittlichen Pflicht nicht angesehen werden, daß ein Verwandter, um einen anderen Verwandten unterstützen zu können, sich so einschränkt, daß er seinem Stande entsprechend nicht mehr leben kann. Innerhalb der durch seine Lebensstellung gegebenen Grenze muß er dagegen nöthigenfalls sich auf dasjenige beschränken, was das standesgemäße Leben nothwendig mit sich bringt."
[5] Vgl. hierzu unten § A. I. 3.
[6] Morawietz FamRZ 1977, 546.
[7] §§ 1603 Abs. 1, 1581 S. 1; § 59 Abs. 1 S. 1 EheG.

heirateten Kindern gehalten, „alle verfügbaren Mittel zu ihrem und der Kinder Unterhalte gleichmäßig zu verwenden"[8], während Ehegatten sich untereinander so weit einschränken müssen, „als es mit Rücksicht auf die Bedürfnisse und die Erwerbs- und Vermögensverhältnisse der geschiedenen Ehegatten der Billigkeit entspricht"[9]. Letztere Formulierung ist dahin zu verstehen, daß der Selbstbehalt des Verpflichteten in Abhängigkeit von der Billigkeitsentscheidung im Einzelfall zwischen dem notwendigen und angemessenen schwankt[10]. In der Praxis wird er freilich häufig mit dem notwendigen gleichgesetzt. Beide Fälle, der des § 1603 Abs. 2 S. 1 und auch der des § 1581, bedeuten damit möglicherweise einen reduzierten Selbstbehalt, wobei für das Eingreifen dieser Normen stets Voraussetzung ist, daß der Bedarf insoweit nicht von anderen unterhaltspflichtigen Verwandten zu decken ist[11]. Kinder müssen außerdem zunächst den Stamm ihres Vermögens verwerten[12], während dies unter Ehegatten von einer Billigkeitsentscheidung abhängt[13].

b) Der Begriff der Angemessenheit im Rahmen der Leistungsfähigkeit

Während der Begriff der Angemessenheit, soweit er das Maß der Bedarfsbedeckung bestimmt, lediglich den Unterhaltsanspruch auf die Lebensstellung des Berechtigten abstimmt, muß er bei der Bemessung des Selbstbehaltes eine weitere Funktion übernehmen: Die Festsetzung einer Opfergrenze erfordert die Determinierung von Mindestbeträgen

---

[8] § 1603 Abs. 2 S. 1.
[9] § 1581 S. 1; zur analogen Anwendung des § 1581 im Rahmen des § 1361 vgl. Brüggemann, 2. DFGT, S. 71, 73, 77 f. u. 83; § 59 Abs. 1 S. 1 EheG.
[10] So die wohl h. M.; vgl. Dieckmann, 3. DFGT, S. 41, 54 f.; FamRZ 1979, 137; DAVorm 1979, 553; Soergel / Häberle § 1581 Rz 12 m. w. N.; Göppinger / Wenz Rz 877; Rolland § 1581 Rz 10 a; Brüggemann, 2. DFGT, S. 71, 78; Puls, 2. DFGT, S. 114, 134 = DAVorm 1979, 727; 737; aus der Rspr.: OLG Oldenburg FamRZ 1980, 53; OLG Schleswig SchlHA 1978, 83; KG FamRZ 1979, 926; 1982, 386, 389; Düsseldorfer Tabelle FamRZ 1981, 1207, 1208; Hammer Leitlinien FamRZ 1981, 1211, 1213 Ziff. 33; a. A. Weychardt DAVorm 1979, 145, 151 u. 321 sowie die Rspr. des OLG Frankfurt — vgl. insoweit FamRZ 1982, 240, 241.
[11] §§ 1584 S. 2 — vgl. Soergel / Häberle § 1584 Rz 3 —, 1603 Abs. 2 S. 2, 1. Halbs. Zu den Problemen beim Scheidungsunterhalt, wenn die Eltern des geschiedenen Elternteils ihre Unterhaltspflicht hinsichtlich der Berufsausbildung bereits erfüllt haben und § 1575 andererseits vgl. Dieckmann, 3. DFGT, S. 41, 59.
Zur ratio des § 1603 Abs. 2 S. 2, erster Halbs. vgl. Red.-Mot. der I. Kommission, IV., S. 1293: „Jene stärkere Verbindlichkeit soll nur den Kindern, nicht aber den anderen alimentationspflichtigen Verwandten zum Vortheile gereichen; sie tritt daher nur insoweit ein, als die Kinder von den letzteren den Unterhalt nicht oder nicht in ausreichendem Maße erhalten können."
[12] § 1603 Abs. 2 S. 2 2. Halbs.
[13] § 1577 Abs. 3.

nicht nur für den notwendigen[14], sondern auch für den angemessenen[15] und im Einzelfall auch für den sogenannten billigen Selbstbehalt. Die Variabilität des Begriffs der Angemessenheit ist damit gegenüber der Bedarfsermittlung durch die beiden zuletztgenannten Untergrenzen erheblich reduziert. Demgegenüber erfordert diese Funktion des Selbstbehaltes keine Begrenzung nach oben[16], so daß bei hinreichend verfügbaren Mitteln und entsprechend gehobener Lebensstellung des Verpflichteten der Selbstbehalt durchaus höher bemessen werden kann.

2. Selbstbehalt und das Verhältnis zwischen den Lebensstellungen des Verpflichteten und des Berechtigten

In Hinblick auf die obigen Ausführungen stellt sich die Frage, ob es möglich ist, daß die Lebensstellung des Verpflichteten geringer bemessen werden kann als die des Berechtigten[17]. Problematisch kann diese Frage nur werden, wenn der Berechtigte eine originäre oder jedenfalls nicht vom Verpflichteten abgeleitete Lebensstellung innehat.

---

[14] Im Rahmen des § 1603 Abs. 2 S. 1 fordert das Gesetz, der Verpflichtete sei gehalten, die verfügbaren Mittel gleichmäßig zu verwenden; vgl. hierzu die Red.-Mot. der 1. Kommission, IV., S. 1293: „Daß damit eine rechnungsmäßig gleiche Vertheilung nicht gemeint ist, braucht wohl kaum hervorgehoben werden. Es versteht sich von selbst, daß in einem solchen Falle bei Festsetzung des Maßes des den Kindern zu gewährenden Unterhalts stets die Stellung der Eltern den Kindern gegenüber zu berücksichtigen sein wird. Der Gedanke ist der, daß in Fällen der fraglichen Art das Vermögen und der Erwerb der Eltern in einer dem sittlichen Verhältnisse zwischen Eltern und Kindern entsprechenden Weise zum gemeinschaftlichen Unterhalt verwendet werden sollen."
Vgl. auch Göppinger / Wenz Rz 1146; Dieckmann, 3. DFGT, S. 41, 43; Morawietz FamRZ 1977, 546; a. A. MünchKomm-Köhler § 1603 Rz 20 unter Berufung auf Brühl / Göppinger / Mutschler, 3. Aufl., Rz 644; Staudinger / Gotthardt § 1603 Rz 43; vgl. aber auch Göppinger / Wenz Rz 1263.

[15] Der Begriff der Angemessenheit weicht deshalb von dem des § 1610 Abs. 1 ab; a. A. offensichtlich Staudinger / Gotthardt § 1603 Rz 24; dasselbe gilt im Hinblick auf den zeitlichen Bezugspunkt der Angemessenheit: vgl. einerseits § 1578 Abs. 1 S. 1 u. oben § 2 B. I., andererseits § 1581, der auf den Zeitpunkt der jeweiligen Inanspruchnahme abgestellt; str., vgl. einerseits Dieckmann, FamRZ 1977, 81, 161, 162; Palandt / Diederichsen § 1581 Anm. 26; Erman / Ronke § 1581 Rz 6; andererseits Göppinger / Wenz Rz 869; Soergel /Häberle § 1581 Rz 10; Rolland § 1581 Rz 3; Schwab, Handbuch, Rz 341; OLG Düsseldorf FamRZ 1983, 712, 713.

[16] Anderes gilt für den Vorrang des Verpflichteten, der im Selbstbehalt zum Ausdruck kommt, vgl. unten § 6 C.

[17] Um Mißverständnisse zu vermeiden, weise ich ausdrücklich darauf hin, daß nicht der Unterhaltsanspruch selbst angesprochen ist. Dieser kann selbstverständlich durch den angemessenen Selbstbehalt überschritten werden, wenn ein entsprechender Bedarf besteht — bspw. krankheitsbedingter Mehrbedarf etc. Hier geht es lediglich um das Maß der Bedarfsdeckung, das im oben vorgeschlagenen Verfahren — § 4 — durch den Index für die Lebensstellung ausgedrückt wird.

In der Regel dürfte es nicht der Billigkeit entsprechen, daß der Verpflichtete sich stärker einschränken muß als der Berechtigte. Diese Erwägung ließe sich dadurch berücksichtigen, daß sie bei Auslegung des unbestimmten Rechtsbegriffs der „Angemessenheit" in § 1603 Abs. 1 — auch insoweit abweichend von § 1610 Abs. 1[18] — zugrunde gelegt wird.

3. Mittelbare Unterhaltspflichten

Mittelbare Unterhaltspflichten sind dem Gesetz grundsätzlich fremd: ohne die stets vorausgesetzte familienrechtliche Beziehung[19] zwischen Verpflichtetem und Berechtigtem können keine Ansprüche entstehen[20]. Zwei Gesichtspunkte verdeutlichen dies: Zum einen begründen Unterhaltspflichten, denen der Berechtigte seinerseits ausgesetzt ist, nicht seine Bedürftigkeit[21]. Umgekehrt steigert der Bezug von bedarfsdeckenden Unterhaltsleistungen nicht die Leistungsfähigkeit des Verpflichteten[22]; dem steht der Zweck des Unterhaltsanspruchs entgegen, der darauf gerichtet ist, den Bedarf des Bedürftigen zu decken[23]. Das gleichzeitige Vorhandensein von Leistungsfähigkeit und Bedürftigkeit in derselben Person ist nicht möglich[24].

Denkbar sind jedoch Konstellationen, in denen der Verpflichtete angemessenen Unterhalt fordern, gegenüber dem Berechtigten jedoch keinen angemessenen, sondern einen lediglich reduzierten Selbstbehalt verteidigen kann[25].

a) Versagung des Selbstbehaltes?

Ob man allerdings soweit gehen kann, daß man dem Verpflichteten den Selbstbehalt unter Hinweis auf Unterhaltsansprüche, die ihm gegen

---

[18] Vgl. oben A. I. 1. b) Fn. 15.
[19] Vgl. oben § 1 A. II. 2. Fn. 15.
[20] Eine gewisse Sonderstellung nehmen in diesem Zusammenhang die §§ 1604, 1583 — vgl. hierzu Gernhuber FamRZ 1955, 193, 196 ff. — und § 1649 Abs. 2 S. 1 — vgl. hierzu Zöllner FamRZ 1959, 393, 394 — ein. Zu beachten ist jedoch, daß das Gesetz formal daran festhält, daß keine echten Unterhaltsansprüche zwischen Verschwägerten oder Geschwistern entstehen; allein die zur Deckung ihres Bedarfs verfügbaren Geldmittel werden durch die Heranziehung auch des anderen Vermögens erweitert. Bei § 1649 Abs. 2 S. 1 ist allerdings str., ob eine entsprechende Verwendungspflicht besteht; vgl. hierzu die Nachw. bei Soergel/Herm. Lange § 1649 Rz 13; Gernhuber FamRZ § 54 I 3 Fn. 4, S. 838.
[21] Gernhuber FamR § 41 III 2., S. 602; a. A. wohl BGH FamRZ 1982, 590, 592.
[22] Str., wie hier Soergel / Herm. Lange § 1603 Rz 5 m. w. N.; Göppinger / Wenz Rz 1203; MünchKomm-Köhler § 1603 Rz 14; Köhler, Handbuch, Rz 100; a. A. Gernhuber FamR § 41 III 2., S. 602.
[23] Köhler FamRZ 1980, 618 in Anm. zu OLG München FamRZ 1980, 284; RG LZ 1921, 303; Soergel / Herm. Lange § 1603 Rz 5.
[24] Tempel, S. 123; zust. Göppinger / Wenz Rz 1203.
[25] Vgl. §§ 1603 Abs. 2 S. 1, 1581.

einen Dritten zustehen, völlig versagt[26], ist fraglich. Das Gesetz bringt durch § 1602 Abs. 1 zum Ausdruck, daß die Eigenversorgung der Bedarfsdeckung durch Unterhaltsleistungen vorgeht. Diese Regelung korrespondiert insoweit eng mit den §§ 1603 Abs. 1, 1581 S. 1, als dort dieser Vorrang der Selbstversorgung durch den Vorwegabzug des Selbstbehaltes ermöglicht und gesichert wird. Der Bedarf eines Berechtigten soll nicht dadurch gedeckt werden, daß ein anderer bedürftig wird.

Die Beantwortung der Frage, ob dem Verpflichteten ein Selbstbehalt aus eigenem Erwerbseinkommen unter Hinweis auf ihm zustehende Unterhaltsansprüche verweigert werden kann, hat sich mit dem Verhältnis beider Einkunftsarten auseinanderzusetzen, das von der soeben begründeten Subsidiarität der Unterhaltsleistungen gekennzeichnet ist. Ein Grund, dieses Verhältnis kurzerhand auf den Kopf zu stellen, ist nicht ersichtlich und wurde vom BGH auch nicht genannt[27]. Das gilt auch dann, wenn man gewissen Besonderheiten des Anspruchs auf Familienunterhalt Rechnung trägt[28]. Denn eine Abweichung von dem Grundsatz der Subsidiarität im Verhältnis Verpflichteter—Berechtigter läßt sich nicht mit Besonderheiten des Anspruchs begründen, der dem Verpflichteten gegen einen Dritten zusteht.

Für richtig hielte ich es allerdings, in dem vom BGH entschiedenen Fall[29] den Selbstbehalt des Verpflichteten — eines sogenannten „Hausmannes" — zu reduzieren, da er mit seiner Haushaltsführung auch teilweise eigenen Bedarf deckt[30].

b) Mittelbare Unterhaltspflicht aufgrund Differenz zwischen angemessenem Unterhalt und reduziertem Selbstbehalt?

In Fällen, in denen der Verpflichtete angemessenen Unterhalt fordern kann und gegenüber dem Berechtigten nur einen reduzierten Selbstbehalt verteidigen kann[31], fragt es sich, ob er die Differenz an die Berechtigten auskehren muß. Dies hat der BGH[32] — unter Zustimmung der wohl h. M.[33] — für § 1603 Abs. 2 S. 1 bejaht, wobei er sich zur Begrün-

---

[26] So BGH FamRZ 1982, 590, 592; OLG Hamm FamRZ 1980, 916, 917.
[27] Vgl. BGH FamRZ 1982, 590, 592.
[28] Zu Recht einschränkend insoweit Göppinger / Häberle Rz 1114.
[29] Vgl. oben Fn. 26.
[30] Ähnlich OLG Hamm FamRZ 1980, 73, 74; Göppinger / Häberle Rz 1114 in anderem Zusammenhang; zu weitgehend OLG Hamm FamRZ 1980, 916, 917.
[31] Hierher gehört außer den Fällen der §§ 1603 Abs. 2 S. 1 und 1581 S. 1 auch etwa die soeben angesprochene Konstellation, in der dem Hausmann aus seiner Nebentätigkeit nur ein eingeschränkter Selbstbehalt zusteht.
[32] BGH FamRZ 1980, 555.
[33] Soergel / Herm. Lange § 1603 Rz 5; Göppinger / Wenz Rz 1203; OLG Stuttgart FamRZ 1983, 186.

dung dieses Ergebnisses auf die besondere Verantwortung der Eltern gegenüber minderjährigen unverheirateten Kindern berief, die sich in § 1603 Abs. 2 S. 1 niederschlage. Diese Begründung bedarf einer differenzierenden Betrachtung, da die Übertragbarkeit dieser Rechtsprechung auf andere Fälle reduzierten Selbstbehalts zu klären ist[34]. Die besondere Verantwortung der Eltern im Rahmen des § 1603 Abs. 2 S. 1, die der BGH anspricht, kommt in zwei unterschiedlichen Aspekten zum Ausdruck. Zum einen — und dies ist wohl eine erforderliche, allein aber keineswegs hinreichende Bedingung für das Ergebnis des BGH — steht den Eltern nur der notwendige Selbstbehalt zu, so daß die vorausgesetzte Differenz zwischen Unterhalt und Selbstbehalt gegeben ist. Zum anderen — und daran fehlt es in den anderen Fällen reduzierten Selbstbehaltes — erweitert § 1603 Abs. 2 S. 1 auch die Aktivseite der Leistungsfähigkeit dadurch, daß nunmehr alle „verfügbaren Mittel" zur Bedarfsdeckung heranzuziehen sind[35]. Nur bei gleichzeitigem Vorliegen beider Voraussetzungen kann damit eine derartige mittelbare Unterhaltspflicht gegeben sein[36].

4. Selbstbehalt gegenüber Vorsorgebedarf

In einem weiteren, unlängst veröffentlichten Urteil führte der BGH aus[37], daß die Leistungsfähigkeit des Verpflichteten für Elementar- und Vorsorgeunterhalt einheitlich zu beurteilen sei, somit hinsichtlich beider Bedarfsposten von einem einheitlichen Selbstbehalt auszugehen sei. Zur Begründung stellte der BGH darauf ab, daß es sich bei beiden Bedürfnissen um unselbständige Teile eines einheitlichen Unterhaltsanspruches handle, was einer Differenzierung entgegenstehe[38].

Nach wohl h. M. ergibt sich der Vorrang des Elementarunterhalts gegenüber dem Vorsorgeunterhalt aus der in § 1587 d Abs. 1 S. 1 enthaltenen Wertung[39]. Diese Norm räumt indessen dem angemessenen Selbstbehalt des Verpflichteten den Vorrang ein, während für den Elementarunterhalt § 1581 gilt, der eine Reduzierung des Selbstbehaltes bis herab zum Notwendigen erlaubt. Außerdem steht die rechtliche Natur des Anspruchs auf Vorsorgeunterhalt dem Vorrang des angemessenen Elementarunterhalts[40] auf seiten der Berechtigten nicht entgegen. Weshalb

---

[34] Vgl. oben Fn. 31.
[35] Vgl. die Aufzählung bei Göppinger / Wenz Rz 1169; a. A. Gernhuber FamR § 41 III 2., S. 602, der Unterhaltsansprüche generell, also auch im Rahmen des § 1603 Abs. 1 — und damit wohl auch des § 1581 S. 1 — heranziehen will.
[36] a. A. OLG Bamberg FamRZ 1983, 75.
[37] BGH FamRZ 1980, 890, 891.
[38] BGH FamRZ 1980, 890, 892.
[39] Vgl. i. e. unten § 7 B. II.
[40] BGH FamRZ 1981, 442, 445 und unten § 7 B. II.

dann der Verpflichtete nur den billigen Selbstbehalt des § 1581 — und nicht den „eigenen angemessenen Unterhalt" — gegenüber dem auf Vorsorgeunterhalt gerichteten Verlangen soll verteidigen können, ist nicht einzusehen.

II. Funktionelle Zusammenhänge zwischen dem Rang des Berechtigten und dem Selbstbehalt des Verpflichteten?

Verschiedentlich werden Zusammenhänge zwischen dem Rang der Unterhaltsansprüche und dem Selbstbehalt des Verpflichteten behauptet oder hergestellt. Fraglich ist indes, ob dies berechtigt ist.

1. Schluß vom Rang des Unterhaltsanspruchs auf die Höhe des Selbstbehaltes?

Es wird verschiedentlich vertreten, daß sich vom Rang des Unterhaltsanspruchs auf die Höhe des Selbstbehaltes gegenüber diesem Anspruch schließen lasse[41]. Bedenken bestehen jedoch, weil hier Zusammenhänge zwischen Regelungen hergestellt werden, die das Gesetz so jedenfalls nicht vorsieht. Freilich ist zuzugeben, daß faktisch gegenüber gleichrangigen Ansprüchen häufig nur derselbe Selbstbehalt geltend gemacht werden kann. Dies gilt um so mehr, wenn man — wie dies praktisch häufig geschieht — den billigen Selbstbehalt der § 1581 S. 1, § 59 Abs. 1 S. 1 EheG dem notwendigen des § 1603 Abs. 2 S. 1 im Ergebnis gleichstellt. Dies kann zwar, muß allerdings nicht so sein, wie die unterschiedlichen Formulierungen deutlich ausweisen. Die Billigkeitsentscheidung im Rahmen der § 1581, § 59 Abs. 1 S. 1 EheG erfordert die Berücksichtigung sämtlicher im Einzelfall relevanten Umstände[42], so daß eine generelle Gleichsetzung mit § 1603 Abs. 2 S. 1 keineswegs rechtens sein kann.

Außer der zugestandenen faktischen Korrelation zwischen Rang und Selbstbehalt spricht m. E. nichts für den angesprochenen Schluß. Im Gegenteil: beide Regelungen stehen in unterschiedlichen Funktionszusammenhängen. Während der Rang das Verhältnis der Ansprüche zueinander ordnet, bestimmt der Selbstbehalt die Opfergrenze auf seiten des Verpflichteten gegenüber dem Anspruch des einzelnen Berechtigten. Auch zeigt ein Blick in das Gesetz, daß unterschiedliche Selbstbehalte auch gegenüber gleichrangigen Berechtigten denkbar sind[43].

---

[41] Morawietz FamRZ 1977, 546; Müller-Freienfels, Festschr. Beitzke, S. 311, 341; vgl. auch Göppinger / Wenz Rz 1135.

[42] Vgl. die Nachw. oben Fn. 10.

[43] Vgl. §§ 1577 Abs. 3, 1584 S. 1, 1603 Abs. 2 S. 2. Hat nur ein Kind von mehreren Vermögen, dessen Stamm gemäß § 1602 Abs. 2 S. 2 verwertet werden muß, so ändert dies an der Bedürftigkeit der anderen Kinder trotz § 1649 Abs. 2 S. 1 nichts, da diesen nur die Einkünfte des Vermögens zugute kommen können.

2. Zum Verhältnis der §§ 1576, 1582

Das OLG Düsseldorf hat in einem Fall, in dem Unterhalt gem. § 1576 begehrt wurde, folgendermaßen entschieden[44]:

„Nach den Umständen des Einzelfalles kann es billig sein, dem unterhaltspflichtigen Ehegatten einen über den notwendigen Mindestbedarf hinausgehenden Selbstbehalt zu belassen und den notwendigen oder angemessenen Mindestbedarf seiner zweiten Ehefrau und seiner minderjährigen Kinder aus zweiter Ehe vorab von seinem Einkommen abzuziehen."

Einen Vorstoß gegen die Rangvorschrift des § 1582 verneint das Gericht mit der Begründung, daß diese erst zum Zuge komme, wenn nach Prüfung der Belange beider Ehegatten feststehe, daß ein Anspruch gemäß § 1576 gegeben sei.

Sieht man von den Besonderheiten des § 1576 ab, so ist diese Entscheidung unhaltbar: Der Selbstbehalt soll den angemessenen Bedarf des Verpflichteten decken, nicht den anderer, mit dem Kläger konkurrierender Berechtigter, da sonst jede Rangvorschrift umgangen werden könnte.

Auch im Rahmen des § 1576 kann der Entscheidung jedenfalls so nicht gefolgt werden[45]. Zwar ist es nicht stets ausgeschlossen, den Bedarf des neuen Ehegatten zu berücksichtigen[46], doch ist diese Berücksichtigung nur unter Beachtung des Gesetzes möglich. Insoweit ist dem Umstand Rechnung zu tragen, daß für den Fall beschränkter Leistungsfähigkeit und bezogen auf die vorliegend erörterte Konstellation § 1582 Abs. 1 S. 2 ausdrücklich den Vorrang des geschiedenen Ehegatten anordnet. In diesem systematischen Zusammenhang scheidet daher eine vorrangige Berücksichtigung des neuen Ehegatten aus. Soweit allerdings der Bedarf des geschiedenen Ehegatten zu ermitteln ist, eröffnet § 1576 eine Möglichkeit, von § 1578 Abs. 1 S. 1 zugunsten des geschiedenen Ehegatten abzuweichen, dessen Bedarf mithin nicht nur an den ehelichen Lebensverhältnissen, sondern auch an sonstigen, insbesondere „nachehelichen" Belangen zu orientieren, zu denen auch die neue familiäre Situation des Verpflichteten zu rechnen ist. Die untere Grenze bildet freilich insoweit der notwendige Bedarf, der nicht angetastet werden darf. Gegen eine Ausnahme auch zu § 1578 Abs. 1 S. 2 spricht der Wortlaut des Gesetzes[47],

---

[44] OLG Düsseldorf FamRZ 1980, 56, 57.
[45] Uneingeschränkt zustimmend jedoch Soergel / Häberle § 1576 Rz 6; Münch-Komm-Richter, Ergänzung zu § 1576 Rz 4 Anm. g; einschränkend Rolland § 1576 Rz 7.
[46] a. A. Gernhuber FamR § 30 VII 5., S. 402.
[47] § 1576 Abs. 1 S. 1 spricht von Unterhalt, der entsprechend der Definition des § 1578 Abs. 1 S. 2 den gesamten Lebensbedarf umfaßt.

zumal dieses an anderer Stelle sehr wohl zwischen Unterhalt und einem Beitrag hierzu zu differenzieren vermag[48].

B. Die Berücksichtigung des Kindergeldes im Unterhaltsrecht

I. Die Konsequenzen der Kindergeldzahlungen für die Familienlasten

Kindergeld ist eine Sozialleistung, die auf einen teilweisen Ausgleich der Familienlasten zielt[49]. Bereits aus dieser Zielsetzung, die auf eine Erleichterung der mit dem Aufziehen von Kindern verbundenen Unterhaltslasten im weitesten Sinne gerichtet ist, ergibt sich, daß Kindergeld zwar im Hinblick auf vorhandene Kinder gezahlt wird, Anspruchsberechtigte jedoch nicht diese[50], sondern grundsätzlich die jeweils mit der Unterhaltspflicht[51] Belasteten sind[52]. Hieraus folgt, daß Kindergeldzahlungen grundsätzlich keinerlei unmittelbare Auswirkungen auf Unterhaltsansprüche der Kinder haben[53]. Vielmehr steht das Kindergeld den verschiedenen[54] Kindergeldberechtigten im Verhältnis ihrer Anteile an der Unterhaltslast zu[55], so daß der Empfänger[56] dem anderen Unter-

---

[48] § 1611 Abs. 1 S. 1; § 60 EheG.
[49] Wickenhagen / Krebs, § 1 BKGG Rz 16.
[50] Vgl. jedoch Art. I § 48 Abs. 1 S. 1 SGB-AT.
[51] Weniger an der Unterhaltspflicht, als mehr an den tatsächlichen Verhältnissen orientiert ist die Berechtigung in den Fällen der §§ 2 Abs. 1 Nr. 5—7, 3 Abs. 2 Nr. 1, 3 BKGG; vgl. hierzu BayObLG FRES 10, 353.
[52] Vgl. § 3 Abs. 2 BKGG; Kinder sind lediglich mittelbar Begünstigte, Ruland S. 190.
[53] Ausnahme: § 1615 g, der jedoch einen begrenzten Anwendungsbereich hat.
[54] Vgl. die Rangordnung in § 3 Abs. 2 BKGG.
[55] h. M.; vgl. BGHZ 70, 151, 153 ff. = FamRZ 1978, 177, 178; a. A. Spangenberg DAVorm 1980, 779, 783: Kindergeld soll nur den Barunterhaltspflichtigen entlasten; wiederum a. A. ders. DAVorm 1981, 99: Kindergeld soll die gesamte Familie, nicht nur die Träger der Unterhaltslasten begünstigen. Auf diesem, von der Rspr. des BGH abweichenden und m. E. falschen Ansatz beruht auch das a.a.O. vorgeschlagene Berechnungsmodell.
Fraglich ist die Art der Berechnung, etwa bei Eltern. M. E. spricht viel dafür, eine Gesamtgläubigerschaft i. S. d. § 428 anzunehmen. Die Möglichkeit des Schuldners, nach seinem Belieben an einen der Gläubiger zu leisten, die gem. § 3 Abs. 2—4 BKGG ausgeschlossen ist, dürfte nicht zu den Begriffsmerkmalen der Gesamtgläubigerschaft gehören. Darauf deutet jedenfalls der Wortlaut des § 428 hin; vgl. auch Larenz, SchuldR Bd I § 36 I c, S. 567; a. A. MünchKomm-Selb § 428 Rz 2. Folgt man der hier vertretenen Auffassung, so ergibt sich der Ausgleichsanspruch aus § 430. „Etwas anderes" i. S. d. § 430 folgt u. U. aus § 1606 Abs. 3. Im Regelfall werden die Eltern jedoch wegen § 1606 Abs. 3 S. 2 zu gleichen Teilen am Kindergeld berechtigt sein; vgl. Gernhuber FamR § 42 II 4., S. 630; Fuchs FamRZ 1982, 756, 761; BGHZ 71, 151, 153 = FamRZ 1978, 177, 178. A. A. ist OLG Karlsruhe FamRZ 1982, 1115, das den Ausgleich über den sog. familienrechtlichen Ausgleichsanspruch herbeiführen will. Für eine Heranziehung dieses — auf eine Rechtsanalogie begründeten Anspruchs, vgl. Göppinger / Göppinger / Stöckle Rz 1423 m. w. N. — besteht je-

§ 5 Konkurrenzrelevante Einzelfragen — Kindergeld

haltsverpflichteten Ausgleich schuldet[57]. Dieser Ausgleich bereitet in einer intakten Familie keinerlei Probleme, da im Rahmen des Familienunterhalts beide Ehegatten im Einvernehmen über die Unterhaltung der Kinder und auch über die Verwendung des Kindergeldes disponieren. Leben die Ehegatten allerdings getrennt, sind sie geschieden oder nicht verheiratet, so ergeben sich Ausgleichsprobleme. Prozessual ist die Situation dadurch gekennzeichnet, daß der Ausgleichsanspruch auf Beteiligung am Kindergeld zum einen — soweit ersichtlich — jedenfalls vom ausgleichsberechtigten Elternteil kaum anhängig gemacht wird[58] und daß zum anderen, soweit um Kindesunterhalt gestritten wird, die Parteien des Ausgleichsanspruchs und die des Unterhaltsanspruchs nur zum Teil identisch sind[59]. Dennoch werden in der Praxis beide Ansprüche miteinander verrechnet: Erhält der sorgeberechtigte Elternteil das Kindergeld, so wird der Unterhaltsanspruch der Kinder gegen den Barunterhaltspflichtigen um den Ausgleichsbetrag vermindert; erhält der Barunterhaltspflichtige das Kindergeld, so wird der Unterhaltsanspruch entsprechend erhöht[60]. Im ersten Fall ist dieses Verfahren, das im übrigen dem von § 1615 g für den Regelunterhalt bei nichtehelichen Kindern vorgeschriebenen entspricht, verständlich: Verwendet der sorgeberechtigte, das Kindergeld beziehende Elternteil dieses in Höhe des Ausgleichsbetrages für den Unterhalt des Kindes, so kann in dieser Höhe ein Unterhaltsanspruch nicht mehr bestehen[61]. Im zweiten Fall ist dies jedoch nicht so unproblematisch. Der BGH[62] hat daher — ohne allerdings Art. I § 53 SGB-AT zu prüfen[63] — eine Abtretung des Ausgleichsan-

---

doch kein Anlaß, wenn sich die §§ 428, 430 als einschlägig erweisen. Dies wurde vom OLG Karlsruhe a.a.O. nicht geprüft.

[56] Gemäß § 3 Abs. 1 BKGG wird für ein Kind nur einer Person Kindergeld gewährt.

[57] So auch BGH FamRZ 1981, 26.

[58] Vgl. etwa KG FamRZ 1982, 1021, 1023; OLG Karlsruhe FamRZ 1982, 1115. Weshalb dieser Ausgleichsanspruch dem Unterhaltsanspruch des anderen Ehegatten nicht soll entgegengehalten werden können — etwa im Wege der Aufrechnung (in den Grenzen des § 850 Abs. 1 Nr. 2, Abs. 2 ZPO, § 394 BGB) — wie OLG Düsseldorf FamRZ 1983, 395 ausführt, ist nicht einzusehen.

[59] Vgl. Petersen DAVorm 1980, 184.

[60] Düsseldorfer Tabelle FamRZ 1978, 854, 858.

[61] Dies muß unabhängig von der gewählten rechtlichen Konstruktion gelten: allein die tatsächliche Mittelzuwendung beseitigt die Bedürftigkeit im jeweiligen Umfang; vgl. BGH FamRZ 1981, 26, 27. Man kann in der Verwendung des Ausgleichsbetrages in Übereinstimmung mit dem Ausgleichsgläubiger auch ein Erfüllungssurrogat sehen, so BGHZ 70, 151, 156 f. = FamRZ 1978, 177, 179; Göppinger / Göppinger Rz 1020; Fuchs FamRZ 1982, 756, 761.

[62] BGH FamRZ 1982, 887, 889; krit. allerdings im Hinblick auf die mit der angestrebten Verrechenbarkeit der Ansprüche verbundenen Verlagerung des Insolvenzrisikos auf das Kind Gernhuber FamR § 42 II 4., S. 630.

[63] Wenn man die Zweckbindung auch für den Ausgleichsanspruch bejaht, so liegt m. E. eine analoge Anwendung des Art. I § 53 SGB-AT nahe. Gleich-

spruchs an das Kind angenommen. Daneben hat er die Möglichkeit einer gewillkürten Prozeßstandschaft angedeutet. Auch für nichteheliche Kinder ergibt sich keine andere Möglichkeit, da § 1615 g nur anwendbar ist, wenn das Kindergeld nicht dem Vater ausgezahlt wird.

Eine Verdeutlichung der Wirkungszusammenhänge zwischen Kindergeld und Unterhaltsansprüchen erfordert es, die Ausgleichsbeziehungen unter den Kindergeldberechtigten von den Auswirkungen der Kindergeldzahlungen auf Unterhaltsansprüche klar zu trennen. Zunächst soll auf der Grundlage der bereits gemachten Ausführungen der Ausgleichsanspruch untersucht werden, anschließend sei auf Konsequenzen der Kindergeldzahlung für die Unterhaltsansprüche eingegangen.

II. Zur Höhe des Ausgleichsbetrages zwischen den Kindergeldberechtigten

Die Berechnung des Ausgleichsanspruchs ist wegen der progressiv steigenden Kindergeldbeträge einerseits[64] und auch wegen der für die Höhe des ausgezahlten Kindergeldes bedeutsamen Anerkennung von Zählkindern[65] andererseits problematisch. Bevor einige Thesen zur Problemlösung vorgestellt werden, soll zunächst der diesen Thesen zugrundeliegende Gedanke kurz skizziert werden: Die für die Problemkonstellation ursächliche Regelung des BKGG[66] beruht auf der Erwägung, daß dem Berechtigten bei steigender Kinderzahl mit progressiv zunehmender Unterstützung die Familienlast erleichtert werden soll. Bei geringerer Kinderzahl kann es den Eltern zugemutet werden, diese Last zu einem größeren Anteil selbst zu tragen[67]. Dieser Gesetzeszweck

---

wohl dürfte diese Norm einer Abtretung an das Kind im Ergebnis nicht entgegenstehen; vgl. Göppinger / Göppinger Rz 225 im Zusammenhang mit der Pfändung des Kindergeldes.

[64] Die Kindergeldbeträge belaufen sich gegenwärtig auf 50, 100, 220, 240 DM; vgl. § 10 Abs. 1 BKGG i. d. F. des 9. Gesetzes zur Änderung des BKGG vom 22. 12. 1981 (BGBl. I S. 1566), geändert durch Art. 13 Nr. 2 Haushaltsbegleitgesetz vom 23. Dez. 1982 (BGBl. I S. 1857). § 10 Abs. 2 BKGG mindert die o. a. Beträge bis auf 70,— DM für das zweite und je 140,— DM für jedes weitere Kind in Abhängigkeit von der Progression des Einkommens. Den folgenden Ausführungen sind der Einfachheit halber die Beträge des § 10 Abs. 1 BKGG zugrunde gelegt.

[65] Zählkinder sind solche Kinder, für die dem Kindergeldberechtigten nur deshalb kein Kindergeld gezahlt wird, weil für diese Kinder vorrangig einer anderen Person der Anspruch auf Kindergeld zusteht (vgl. § 3 BKGG) oder weil für sie eine dem Kindergeld vergleichbare Leistung zu zahlen ist (vgl. § 8 BKGG).

[66] Vgl. Fn. 64.

[67] Vgl. auch Morawietz FamRZ 1977, 373; BT-Drs. 7/2032 S. 10 f.; OLG Düsseldorf FamRZ 1981, 79, 80, 81: „Grundsatz der progressiven Entlastung des Unterhaltspflichtigen bei steigender Kinderzahl".

erfordert es, daß die Progression des Kindergeldes dem zugute kommt, der tatsächlich an der Familienlast für die größere Kinderzahl beteiligt ist, sei es, daß er diese Kinder betreut, oder sei es, daß er für sie Barunterhalt leistet. Letztere Erwägung gilt auch für den sogenannten Zählkindvorteil. Denn die Anerkennung eines Kindes als Zählkind setzt stets einen Sachverhalt voraus, der erfahrungsgemäß eine Beteiligung an der Unterhaltslast erwarten läßt[68].

These I:

Der Ausgleichsanspruch errechnet sich unter Berücksichtigung nur der gemeinsamen Kinder[69].

Dies ergibt sich daraus, daß das Kindergeld die Unterhaltslast der Eltern erleichtern soll[70]. Weitere, nicht gemeinsame Kinder des einen Ehegatten erhöhen nicht die Unterhaltslast des anderen[71]. Der mit der Kindergeldprogression verfolgte soziale Zweck spricht gegen eine Beteiligung am Progressionsvorteil für nicht gemeinsame Kinder[72]. Sind mehrere gemeinsame Kinder vorhanden, so sind Progressionsdifferenzen unter den auf diese entfallenden Kindergeldbeträgen gemäß § 12 Abs. 4 BKGG auszugleichen.

These II:

Ausgleichspflichtig sind Kindergeldbeträge nur bis zu der Höhe, in der beide Berechtigten die Anspruchsvoraussetzungen erfüllen[73].

---

[68] Sofern es sich nicht um leibliche Kinder des Berechtigten handelt, setzt § 2 Abs. 1 BKGG stets voraus, daß er diese in seinen Haushalt aufgenommen hat.
[69] BGH FamRZ 1981, 26, 27 m. w. N. und 650; Düsseldorfer Tabelle FamRZ 1978, 854, 858; Hammer Leitlinien FamRZ 1981, 1211, 1212 Ziff. 15; SchlHOLG SchlHA 1981, 112; OLG Frankfurt FamRZ 1982, 515; LG Osnabrück DAVorm 1983, 240; LG Braunschweig DAVorm 1983, 242; a. A. Weychardt DAVorm 1980, 914; 1979, 145, 155; MünchKomm-Köhler, Ergänzung zu § 1606 Rz 8; Mümmler JurBüro 1977, 304, 305; zu weiteren OLG-Entscheidungen vgl. die Nachw. bei BGH a.a.O.
[70] Diese Prämisse übersieht Weychardt DAVorm 1980, 914: es geht gerade nicht um eine Beteiligung des Kindes an dem „aus rein formalen Gründen" erlangten Progressionsvorteil. Im übrigen handelt es sich nicht um einen rein formalen Vorteil, vgl. zum Zweck der Progression oben B. II.
[71] So ausdrücklich BGH, a.a.O. (Fn. 69).
[72] Zu der mit dieser Auffassung verbundenen Problematik vgl. unten bei These II.
[73] BGH FamRZ 1981, 650; OLG Karlsruhe FamRZ 1983, 85 f. m. zust. Anm. Luthin a.a.O., S. 86; Weychardt DAVorm 1981, 464; Soergel/Herm. Lange § 1615 g Rz 9 m. w. N.; Lüdtke-Handjery NJW 1975, 1635, 1636; MünchKomm-Köhler § 1615 g Rz 8; LG Ravensburg DAVorm 1982, 581 f.; SchlHOLG SchlHA 1981, 112; LG Braunschweig DAVorm 1983, 242; Kalthoener / Haase-Becher / Büttner Rz 226; a. A. Mümmler JurBüro 1977, 304, 305; OLG Düsseldorf FamRZ 1983, 86 m. abl. Anm. Luthin; zur Problematik bei nichtehelichen Kindern Kemper DAVorm 1981, 535 ff.; Mertes Rpfleger 1982, 129.

1. Ausgleich für die älteren Kinder

Diese Aussage deckt sich zum Teil mit der These I, nämlich dann, wenn die gemeinsamen Kinder die älteren sind. Heiratet der diese Kinder betreuende Elternteil erneut und hat er in dieser Ehe weitere, jüngere Kinder, so sind unter den Partnern der ersten Ehe nur die auf die älteren Kinder entfallenden Beträge ausgleichspflichtig. Die Folge dieser Auffassung ist allerdings eine zumindest faktische Begünstigung des zweiten Ehegatten des Kindergeldempfängers, dem der Progressionsvorteil für ein gemeinsames Kind zugute kommt, das bei ihm beispielsweise nur als 1. Kind gezählt wird[74]. Diese Konsequenz versuchen Ehlert[75] und Görres[76] zu nivellieren, indem sie — mit ähnlichen Berechnungsmodellen — das Gesamtkindergeld entweder nach der tatsächlichen Beteiligung an der Unterhaltslast[77] oder nach den jedem Berechtigten fiktiv zustehenden[78] Kindergeldbeträgen verteilen[79] und damit, wie Ehlert auch ausdrücklich schreibt, das Kindergeld „progressionsgemäß" aufteilen.

Der entscheidende Einwand gegen beide Vorschläge betrifft bereits den gedanklichen Ansatz. M. E. ist der Progressionsvorteil nicht auszu-

---

[74] Kritisch zu dieser Konsequenz Spangenberg DAVorm 1981, 99 101.
[75] FamRZ 1980, 647.
[76] DAVorm 1980, 883.
[77] So Görres, a.a.O. Fn. 3.
[78] Also ohne Rücksicht auf § 3 BKGG; so Ehlert, a.a.O. Fn. 2.
[79] Beispiel: V hat in erster Ehe mit M (1) drei eheliche Kinder K (1)—K (3). Nach der Scheidung übt M (1) die elterliche Sorge aus. V leistet Barunterhalt. Er heiratet M (2) und hat mit ihr ein weiteres Kind K (4), das bei M (2) als erstes Kind i. S. d. § 10 Abs. 1 BKGG anzusehen ist. M (1) bezieht Kindergeld für K (1)—K (3), V für K (4). Verteilt man das Kindergeld zwischen den Berechtigten, ohne den Progressionsvorteil zu nivellieren, so entfallen auf die Beteiligten die der Spalte 1 zu entnehmenden Beträge. Der bei V anfallende überschüssige — auf These II beruhende — Progressionsvorteil beläuft sich auf 95,— DM. Die Beträge von Ehlert und Görres seien zum Vergleich gegenübergestellt (auf der Grundlage der sich aus § 10 Abs. 1 BKGG ergebenden Beträge):

		M (1)	V	M (2)
	K (1—3)	185,—	185,—	
	K (4)		215,—	25,—
Spalte 1	Summe	185,—	400,—	25,—
Ehlert		219,13	361,26	29,61
Görres		228,75	305,—	76,25

Während Ehlert jedenfalls zu einigermaßen tragbaren Resultaten gelangt, ist die Lösung von Görres im Ergebnis dem Gesetzeszweck diametral entgegengesetzt. Während V an dem zu verteilenden Betrag von 95,— DM überhaupt nicht partizipiert, fällt ausgerechnet M (2) fast die Hälfte zu. Andererseits partizipiert M (1) am Progressionsvorteil für K (4), was ich auch nicht für sinnvoll halte.

gleichen[80]. Es ist mit dem Zweck der Progression eher zu vereinbaren, daß der Kinderreichere überproportional mehr Kindergeld erhält, als daß ein weniger Kinderreicher am Progressionsvorteil partizipiert[81]. Die Möglichkeit, daß die Ehefrau in der zweiten Ehe unter Umständen von dieser Auffassung profitiert, beruht auf dem Finanzgebaren der Eheleute und kann nicht durch Verrechnungsmethoden korrigiert werden, die mit dem vorrangig zu berücksichtigenden Gesetzeszweck nicht vereinbar sind.

2. Ausgleich für die jüngeren Kinder

Eine Beteiligung an der Progression scheidet jedoch auch dann aus, wenn die Kindergeldbeträge für die jüngeren Kinder auszugleichen sind[82]. Dann stellt sich die Frage, wem der Progressionsvorteil zustehen soll.

a) § 1615 g

Bei nichtehelichen Kindern ergibt sich das Ergebnis aus einer dem Zweck des BKGG entsprechenden Auslegung des § 1615 Abs. 1 S. 2. Hiernach kommt eine Anrechnung nur dann in Betracht, wenn „und soweit"[83] auch der Vater die Anspruchsvoraussetzungen erfüllt. Da in der Regel die Mutter für das nichteheliche Kind das Kindergeld beziehen wird — was für die Anwendung des § 1615 g Voraussetzung ist —, wenn sie für das Kind mindestens ebenso viel Kindergeld erhalten kann wie der Vater, mit anderen Worten, das Kind in der Zählweise des § 10 Abs. 1 BKGG einen mindestens ebenso hohen Rang einnimmt, richtet sich die Höhe des Ausgleichsanspruchs dann danach, als wievieltes Kind dieses beim Vater gezählt wird[84].

---

[80] OLG Düsseldorf FamRZ 1981, 79, 81 f.; Gernhuber FamR § 42 II 4. S. 631.
[81] Zur selben Problematik im umgekehrten Fall vgl. unten B. II. These II. 2. b).
[82] Etwa deshalb, weil auch die zweite Ehe geschieden wird; Bsp.: OLG Karlsruhe FamRZ 1983, 85.
[83] So ausdrücklich LG Hannover DAVorm 1982, 824, 825; vgl. auch Soergel / Herm. Lange § 1615 g Rz 9 m. w. N.; LG Detmold DAVorm 1981, 462 m. Anm. Weychardt; LG Tübingen DAVorm 1982, 74; LG Heilbronn DAVorm 1982, 372, 373; LG Hamburg DAVorm 1982, 374; DIV-Gutachten DAVorm 1982, 31, 32; a. A. LG Wuppertal DAVorm 1982, 75.
[84] Beispiel: Das Kind wird gezählt
— beim Vater als 1. Kind, bei der Mutter als 3. Kind:
  Ausgleichsanspruch bzw. Anrechnungsbetrag: 25,— DM
— beim Vater als 2. Kind, bei der Mutter als 3. Kind:
  Ausgleichsanspruch bzw. Anrechnungsbetrag: 50,— DM
— beim Vater als 3. Kind, bei der Mutter als 1. Kind:
  hier ist es ein Gebot wirtschaftlicher Vernunft, daß der Vater das Kindergeld bezieht. Konsequenz: der Ausgleichsanspruch (Betrag: 25,— DM) steht der Mutter zu. § 1615 g greift nicht ein.

Es ist nicht zu übersehen, daß sich die Mutter bei dieser Lösung erheblich besser steht, als wenn der auf das Kindergeld gezahlte Kindergeldbetrag halbiert würde[85], doch ist dieses Ergebnis eher mit den Intentionen des BKGG vereinbar als die Konsequenzen des vollen Ausgleichs. Der Vater würde nämlich am Progressionsvorteil der Mutter partizipieren, obwohl er nur die Unterhaltslast für ein erstes Kind trägt. Die Diskrepanz zum Zweck der Kindergeldprogression wäre offensichtlich[86].

b) Sonstige Fälle

Bezieht bei nichtehelichen Kindern der Vater das Kindergeld oder handelt es sich um eheliche Kinder, so ergeben sich für die Berechnung des Ausgleichsanspruchs keine Besonderheiten. Es sind lediglich die anderen Ausgleichsmodalitäten zu beachten[87].

These III:
Der Zählkindvorteil ist nicht auszugleichen[88].

Die Problematik ist in letzter Zeit viel erörtert worden[89]. Die wohl überwiegende Ansicht hält den Zählkindvorteil für eine Leistung für das Zählkind[90], die, da sie nicht gerechtfertigt sei, auszugleichen sei[91]. Jüngst hat jedoch der BGH für eheliche Kinder im Sinne der obigen These entschieden[92].

1. Grundsätzlich zum Zählkindvorteil

Festzustellen ist zunächst, daß der Zählkindvorteil keine Zusatzleistung im Rahmen des Kindergeldbezugs darstellt[93], sondern letztlich aus

---

[85] Ist das Kind für die Mutter das dritte, für den Vater das erste Kind, so beträgt das Kindergeld 220,— DM (unter der Voraussetzung, daß die Mutter das Kindergeld bezieht). Richtet sich der Anrechnungsbetrag danach, in welchem Umfang der Vater die Anspruchsvoraussetzungen erfüllt, so wären 25,— DM anzurechnen; der Mutter verblieben 195,— DM. Wird das Kindergeld schlicht halbiert, so verbleiben der Mutter nur 110,— DM.
[86] LG Detmold DAVorm 1981, 463; LG Darmstadt FamRZ 1979, 78, 79; Lüdtke-Handjery NJW 1975, 1635, 1636; zum entsprechenden Problem bereits oben bei Fn. 81.
[87] Vgl. hierzu oben B. I.
[88] BGH FamRZ 1981, 26 u. 650; a. A. u. a. Weychardt DAVorm 1980, 914; Novotny DAVorm 1981, 529 ff.
[89] Vgl. nur die Nachw. bei Soergel / Herm. Lange § 1606 Rz 13, § 1615 Rz 17.
[90] Vgl. auch § 4 RegUnterhV und unten B. II. These III. 2.
[91] Vgl. die Nachw. bei BGH FamRZ 1981, 26, 27; OLG Bamberg FamRZ 1980, 923; OLG Hamm FamRZ 1981, 79 (LS).
[92] BGH FamRZ 1981, 26 u. 650; ebenso Gernhuber FamR § 42 II 4., S. 631; OLG Frankfurt FamRZ 1982, 515, 516.
[93] Eine starke Meinung sieht im Zählkindvorteil eine — tatsächlich nicht existente — Doppelbegünstigung und will diese dementsprechend ausgleichen; vgl. etwa OLG Oldenburg FamRZ 1979, 173, 174; Lüdtke-Handjery NJW 1975, 1635; a. A. aber ausdrücklich BGH FamRZ 1981, 26, 28.

zwei Komponenten resultiert: Der Kindergeldprogression einerseits und der Auszahlungsregelung des § 3 BKGG andererseits[94]. Die Auszahlungsregelung des § 3 BKGG kann eine Sonderbehandlung des Zählkindvorteils schwerlich rechtfertigen. Dem von der Zählkindkonstellation Begünstigten steht das Kindergeld ja grundsätzlich zu[95]. Bezieht er es auch, so stellt sich die Ausgleichsproblematik nur im Hinblick auf den Progressionsvorteil. Außerdem trägt er ja auch die Familienlast mit: Als leiblicher Elternteil ist er vorrangig unterhaltspflichtig, in den Fällen des § 2 Abs. 1 Nr. 5—7 BKGG ist er zumindest tatsächlich in aller Regel an der Bedarfsdeckung beteiligt[96]. Durch die Anerkennung von Zählkindern trägt das BKGG diesem Sachverhalt Rechnung. Bestünde diese Möglichkeit nicht, so würde der Vater von vier nichtehelichen Kindern, für die er nur Barunterhalt leistet, vom BKGG so behandelt, als hätte er vier erste Kinder. Der Anrechnungsbetrag würde sich lediglich auf 25,— DM pro Kind belaufen, während er nach der geltenden Regelung mit insgesamt 305,— DM, also 67,25 DM pro Kind, am Kindergeld zu beteiligen wäre. Etwas anderes ergibt sich auch nicht aus § 12 Abs. 4 BKGG. Für ein Zählkind wird dem Berechtigten gerade kein Kindergeld gezahlt[97]. Damit reduziert sich die Frage nach dem Ausgleich des Zählkindvorteils auf die Problematik der Kindergeldprogression, zu deren Lösung die Thesen I und II hinreichen.

2. Der Zählkindvorteil im Rahmen des § 4 RegUnterhV

Für den Fall, daß die Mutter das Kindergeld für ein nichteheliches Kind bezieht, wird die Auffassung vertreten, daß der Zählkindvorteil eine „Leistung für das (Zähl-)kind" im Sinne des § 4 RegUnterhV darstellt, und eine Anrechnung des Kindergeldes gemäß § 1615 g Abs. 1 damit entfällt[98]. Diese Auffassung verkennt, daß der Zählkindvorteil nichts anderes als der Progressionsvorteil ist, somit auch für seine Behandlung

---

[94] Morawietz FamRZ 1977, 373, 374; die Fälle des § 8 BKGG — vgl. oben Fn. 65 — können in diesem Zusammenhang vernachlässigt werden.
[95] Vgl. oben Fn. 68.
[96] Morawietz FamRZ 1977, 373, 374; OLG Düsseldorf FamRZ 1981, 79, 81; vgl. auch Ruland, S. 246 f.
[97] OLG Düsseldorf FamRZ 1981, 79, 81; vgl. auch BSG DAVorm 1982, 797, 799.
[98] H. M.; vgl. nur Lüdtke-Handjery NJW 1975, 1635; Göppinger / Göppinder Rz 731 m. umfangreichen Nachw. aus der Rspr.; Soergel / Herm. Lange § 1615 g Rz 17 m. ebenfalls umfangreichen Nachw.; Kemper DAVorm 1981, 535, 537 f.; Odersky Rpfleger 1974, 41, 43; Müller MDR 1979, 724; vgl. auch DIV-Gutachten DAVorm 1982, 31, 33; wie hier dagegen Gernhuber FamR § 42, II 4., S. 631; Mertes Rpfleger 1982, 129, 130; und i. Erg. Kalthoener / Haase-Becher / Büttner Rz 267. LG Osnabrück DAVorm 1983, 240; LG Kleve Rpfleger 1983, 65, 66.

3. Kap.: Die Leistungsfähigkeit des Verpflichteten

dieselben Grundsätze gelten müssen. Auch bleibt unklar, weshalb in der Anerkennung eines Zählkindes eine Leistung zu sehen sein soll, da doch jedes Zählkind zugleich auch — wenn auch bei einem anderen Berechtigten — ein Zahlkind ist[99], und sich die Position des von der Zählkindkonstellation Begünstigten von der des Kindergeldempfängers nur dadurch unterscheidet, daß Letzterer das Kindergeld tatsächlich bezieht, während der erstere nur mittelbar, nämlich über den Ausgleichsanspruch am Kindergeld partizipiert. Die oben dargestellte Auffassung verkennt außerdem die Funktion der Anerkennung von Zählkindern. Diese Anerkennung erfüllt eine „Stellvertreter"-Funktion, die dem Berechtigten den Progressionsvorteil für alle Kinder, für die er sorgt, erhalten soll. Mit dieser Funktion ist der Ausgleich des Zählkindvorteils nicht zu vereinbaren.

III. Auswirkungen von Kindergeldzahlungen auf Unterhaltsansprüche mittelbar Begünstigter

1. Kindergeld und Leistungsfähigkeit

Oben wurde ausgeführt, Kindergeldzahlungen hätten, von der Ausnahmeregelung des § 1615 g abgesehen, keine unmittelbaren Auswirkungen auf die Unterhaltsansprüche der betreffenden Kinder[100]. Diese Aussage bedarf für einen weiteren Fall der Korrektur: Kindergeldzahlungen sollen die betreffenden Kinder mittelbar begünstigen[101]. Diese Intention führt zu einer relativen Steigerung der Leistungsfähigkeit gerade gegenüber diesen mittelbar Begünstigten[102].

Demgegenüber ist Gernhuber der Meinung, daß der Zweck von Sozialleistungen im Privatrecht grundsätzlich gleichgültig, eine relative Steigerung der Leistungsfähigkeit mithin nicht anzuerkennen sei[103]. Der

---

[99] BSG DAVorm 1982, 797, 798.
[100] Vgl. oben B. I. bei Fn. 53.
[101] Ruland S. 190.
[102] Ruland S. 190 m. w N. Fn. 14; ders. FamRZ 1972, 537, 539; Staudinger / Gotthardt § 1603 Rz 14 a; RGRK-Scheffler § 1603 Anm. 6; Kleinheyer FamRZ 1958, 402, 404; Beitzke FamR § 24 I 2 b; S. 195; a. A. Gernhuber FamR § 41 III 5., S. 604; Jung, S. 57 f.; ders. FamRZ 1974, 173, 175; eine vermittelnde Ansicht will die Kindergeldbeträge als verfügbare Mittel im Sinne des § 1603 Abs. 2 S. 1 ansehen, mit der Konsequenz, daß sie den mittelbar Begünstigten erst dann zugute kommen, wenn der notwendige Selbstbehalt des Verpflichteten gedeckt ist: Soergel / Herm. Lange § 1603 Rz 4; Göppinger / Wenz Rz 1194; Tempel S. 114, 124; dagegen Schmitz-Pfeiffer ZblJR 1973, 254, 256.
[103] Gernhuber FamR § 41 III 5., S. 604; Jung S. 57 f.; ders. FamRZ 1974, 173, 175; a. A. Beitzke FamR § 24 I 2 b, S. 195.

Zweck „typisiert gewährter Sozialleistungen"[104] lasse sich dem am Einzelfall orientierten Unterhaltsrecht nicht integrieren. Diese Auffassung halte ich nicht für zwingend. M. E. ist es mit dem normativen Charakter des Begriffs der Leistungsfähigkeit[105] ohne weiteres vereinbar, diesen Zwecksetzungen auch im Unterhaltsrecht Geltung zu verschaffen[106].

Allerdings können den Berechtigten nicht die gesamten Kindergeldbeträge unmittelbar zugewandt werden. Als sonstige Verbindlichkeit ist vorweg der Ausgleich unter den Kindergeldberechtigten zu vollziehen[107]. Erst der dem Unterhaltsschuldner verbleibende Betrag führt die oben erwähnte relative Steigerung der Leistungsfähigkeit herbei. Umgekehrt wird die Leistungsfähigkeit nicht nur durch direkt empfangene Kindergeldzahlungen gesteigert, sondern auch durch solche, die erst auf dem Umweg über das Ausgleichsverfahren unter den Eltern anfallen.

Geht man von der gesetzlichen Intention aus, auf dem Umweg über die Träger der Familienlast die Kinder mittelbar zu unterstützen, und versucht man, diese Zielvorstellung auf das Unterhaltsrecht zu übertragen, so ergibt sich für die Einordnung des Kindergeldes im Rahmen der Leistungsfähigkeit folgendes:

Zum einen ist zu gewährleisten, daß der notwendige Selbstbehalt des Verpflichteten vor der Zuwendung des Kindergeldes an die Kinder gedeckt ist. Auf der anderen Seite ist die Beschränkung der Ansprüche konkurrierender Berechtigter so gering wie möglich zu halten. Dies erreicht man dadurch, daß man das Kindergeld auf die hiervon mittelbar begünstigten Berechtigten vorab verteilt[108], soweit der Selbstbehalt des Verpflichteten dies zuläßt. Dies setzt jedoch voraus, daß man die Kindergeldbeträge nicht als verfügbare Mittel im Sinne des § 1603 Abs. 2 S. 1 ansieht[109], sondern sie dem Bereich des § 1603 Abs. 1 zuordnet. Die häufig zu lesende Formulierung, Kindergeld sei kein Einkommen des Verpflichteten[110], ist damit nur bedingt richtig. Sie trifft insoweit zu, als das Kindergeld nicht die Lebensstellung verändert. Im Rahmen der Leistungsfähigkeit kann ihm jedoch der Einkommenscharakter insoweit nicht abgesprochen werden, als diese eine relative Steigerung erfährt.

---

[104] Formulierung von Gernhuber FamR § 41 III 5, S. 604.
[105] Vgl. unten § 7 A. II.
[106] I. Erg. ebenso Schmitz-Pfeiffer ZblJR 1973, 254 f.
[107] Der Vorrang dieses Anspruchs gegenüber den Unterhaltsansprüchen im Rahmen der „Berücksichtigung" — § 1603 Abs. 1 — ergibt sich aus dem Zweck des Kindergeldes: während die Kinder selbst nur mittelbar begünstigt werden sollen, sind in erster Linie die Träger der Familienlast zu beteiligen.
[108] Zu Einzelheiten vgl. unten C.
[109] Vgl. oben B. III. 1. Fn. 102.
[110] So etwa Weychardt DAVorm 1979, 145, 155 unter Berufung auf BGHZ 70, 151, 153 = FamRZ 1978, 177, 178.

2. Auswirkungen des Progressionsvorteils auf die Ansprüche der Kinder in Mangelfällen

Von der Behandlung des Progressionsvorteils[111] im Rahmen des Ausgleichsverfahrens unter den Eltern sind die Auswirkungen dieser Progression im Verhältnis zu den vom Kindergeld mittelbar Begünstigten zu trennen. Da das Kindergeld zu einer relativen Steigerung der Leistungsfähigkeit im soeben aufgezeigten Umfang führt, muß es auch den hiervon Begünstigten zugute kommen. Da aber andererseits der Progressionsvorteil nach der Intention des Gesetzgebers nur bei Zuwendungen an den Träger der Familienlast seinen Sinn entfalten kann, kann den nur mittelbar begünstigten Kindern dieser Vorteil nicht erhalten bleiben. Vielmehr ist das Kindergeld den Kindern gleichmäßig zuzuwenden[112], wobei die „typisierende Gewährung" des Kindergeldes für eine Verteilung nach Köpfen, nicht nach Bedürfnissen spricht.

Beispiel: Ein Vater ist vier Kindern aus zwei Ehen unterhaltspflichtig, für die er insgesamt 610,— DM Kindergeld erhält. Nach Abwicklung der Ausgleichsansprüche (seine erste Ehefrau erhält für K_1 und K_2 insgesamt 75,— DM, seine zweite Ehefrau für K_3 und K_4 dasselbe[113]) verbleiben ihm davon 460,— DM. Im Rahmen der oben angesprochenen Vorabverteilung des Kindergeldes auf K_{1-4} erhält jedes Kind unabhängig von der Höhe seiner Bedürfnisse den gleichen Anteil, im Beispiel also 115,— DM.

C. Sicherung personengebundener Vorteile

I. Problemstellung

Gerade in Mangelfällen stellt sich die Frage, wie gewährleistet werden kann, daß Mittel, die zur Begünstigung einzelner Personen dienen sollen[114], dieser Bestimmung entsprechend verwendet werden. Zwei Probleme sind es in erster Linie, die in diesen Zusammenhang gehören: Der Betrag, der aus der Differenz zwischen angemessenem und notwendigem[115] oder billigem[116] Selbstbehalt resultiert, soll stets nur besonde-

---

[111] Im Hinblick auf die Ausführungen oben wird der Zählkindvorteil nicht mehr eigens erwähnt, sondern nur noch vom Progressionsvorteil gesprochen.

[112] OLG Bamberg FamRZ 1981, 1196; OLG Stuttgart DAVorm 1983, 49, 50; JustAbl. 1979, 102; LG Berlin DAVorm 1983, 232; LG Freiburg DAVorm 1983, 235; vgl. nunmehr auch OLG Hamburg FamRZ 1983, 749.

[113] Vgl. oben B. II. These II.

[114] Gemeint ist zum einen das Kindergeld, zum anderen die sich aus der Differenz zwischen angemessenem, billigem und notwendigem Selbstbehalt ergebenden Beträge; vgl. bereits oben Vorbem. zu § 5.

[115] § 1603 Abs. 2 S. 1; Soergel / Herm. Lange § 1603 Rz 14.

§ 5 Konkurrenzrelevante Einzelfragen — Personengebundene Vorteile 71

ren Personen zugute kommen. Dasselbe gilt für die relative Steigerung der Leistungsfähigkeit durch mittelbar zweckbestimmte Sozialleistungen[117], für die stellvertretend hier das Kindergeld genannt sein soll.

Zwischen beiden Fällen besteht jedoch ein Unterschied, der zwar nicht prinzipieller Natur ist, dennoch aber eine modifizierte Verfahrensweise erfordert: Im ersten Fall wird die Opfergrenze zu Lasten des Verpflichteten verschoben, im zweiten stehen zusätzliche Mittel zur Bedarfsdeckung zur Verfügung[118]. Das Problem, wie in beiden Fällen personengebundene Vorteile dem mittelbar zu Begünstigenden zugewandt werden können, ist jedoch vergleichbar, und, wie gezeigt werden wird, auch im wesentlichen einheitlich zu lösen.

II. Lösung

Die Problematik läßt sich zufriedenstellend mit Hilfe eines mehrstufigen Berechnungsverfahrens bewältigen[119].

Ist einer relativen Steigerung der Leistungsfähigkeit Rechnung zu tragen, so sind diese zusätzlichen Mittel grundsätzlich vorweg den mit diesen zu Begünstigenden zuzuwenden[120]. Auf diese Weise erreicht man zweierlei: Zum einen werden die zusätzlich verfügbaren Mittel den richtigen Personen zugewandt. Zum anderen wird die Beschränkung der anderen konkurrierenden Ansprüche reduziert. Denn infolge der teilweisen Vorwegbefriedigung nehmen die begünstigten Ansprüche am sich anschließenden Verteilungsverfahren nur noch mit der unbefriedigten Quote teil, so daß auf die anderen Ansprüche ein höherer Anteil entfällt. Das Ziel, mit dem Kindergeld ausschließlich die betroffenen Kinder zu begünstigen, läßt sich somit gar nicht erreichen.

Beispiel: Im obigen Beispiel (S. 70) seien folgende Einzelheiten gegeben. Ansprüche an den Vater (V) stellen sowohl dessen erste (E_1) und zweite Ehefrau (E_2) als auch alle vier Kinder, wobei K_1 17 Jahre, K_2 10 Jahre, K_3 und K_4 2 Jahre alt seien. Die Mindestbedarfssätze bzw. der notwendige Selbstbehalt des V betragen somit:

---

[116] § 1581 S. 1; § 59 Abs. 1 S. 1 EheG; vgl. hierzu oben A. I. 1. a); OLG Celle NdsRpfl. 1980, 31 = FamRZ 1980, 619 — LS; Göppinger / Wenz Rz 1135.
[117] Vgl. zur Problematik oben B. III.
[118] Zu den zusätzlichen Mitteln ist auch der Ausgleichsanspruch dessen zu zählen, der das Kindergeld nicht bezieht.
[119] Weychardt DAVorm 1979, 145, 157 ff.; Weychardt spricht a.a.O. von einem zweistufigen Verfahren. Es sind jedoch auch kompliziertere Fälle denkbar, die eine mehrstufige Berechnung erforderlich machen.
[120] Es ist jedoch die obige — B. III. 1. 2 o) — Einschränkungen zu beachten, daß der notwendige Selbstbehalt des Verpflichteten nicht angetastet werden darf; Soergel / Herm. Lange § 1603 Rz 4.

3. Kap.: Die Leistungsfähigkeit des Verpflichteten

V: 900,— DM
E_1: 825,— DM
E_2: 605,— DM
K_1: 297,— DM
K_2: 251,— DM
K_3: 207,— DM
K_4: 207,— DM

Das Einkommen des V beläuft sich auf 2500,— DM. Hinzu kommen die oben B. III. 2 a. E. bereits erwähnten 460,— DM Kindergeld. Subtrahiert man vom Einkommen des V dessen Selbstbehalt, so verbleiben 1600,— DM. Die Bedürftigkeit der Kinder reduziert sich nach der Vorabverteilung des Kindergeldes auf:

K_1: 182,— DM
K_2: 136,— DM
K_3: 92,— DM
K_4: 92,— DM

Mit diesen verminderten Einsatzbeträgen nehmen die Kinder an der Verteilung der verfügbaren 1600,— DM teil, so daß letztlich folgende Beträge anfallen:

E_1: 683,27 DM
E_2: 501,06 DM
K_1: 150,73 DM
K_2: 112,64 DM
K_3: 76,19 DM
K_4: 76,19 DM

K_{1-4} erhalten außerdem je die bereits vorab verteilten 115,— DM.

Demgegenüber sind die Differenzbeträge zwischen den unterschiedlichen Selbstbehalten erst zuletzt zu verteilen, da eine Verschiebung der Opfergrenze dem Verpflichteten nur zuzumuten ist, wenn und soweit dies zur Befriedigung sonst ungedeckter Ansprüche erforderlich ist[121].

Beispiel: Der Verpflichtete (Einkommen 1500,— DM zuzüglich 150,— DM Kindergeld, das ihm endgültig verbleibt) ist zwei Kindern unterhaltspflichtig, von denen eines 17 (K_1), das andere 15 Jahre alt ist (K_2). Der Mindestbedarf beider Kinder beträgt je 297,— DM. K_2 verfügt über Vermögen, aus dem es jedoch keine Einkünfte bezieht. Vorab ist das Kindergeld auf die Kinder zu verteilen, so daß sich deren Bedürftigkeit auf 222,— DM reduziert. Vom Einkommen des Verpflichteten ist nunmehr zunächst dessen angemessener Selbstbehalt zu subtrahieren, so daß zur Deckung des Bedarfs der Kinder 300,— DM verbleiben. Auf jedes Kind entfällt ein Betrag von 150,— DM. Dieser Betrag ist für K_2 endgültig (§ 1603 Abs. 2 S. 2). Für K_1 muß V Abstriche von seinem Selbstbehalt hinnehmen (§ 1603 Abs. 2 S. 1), in vorliegendem Fall in Höhe von 72,— DM, um dessen notwendigen Unterhalt zu sichern.

---

[121] Vgl. i. e. die Berechnungsbeispiele bei Weychardt DAVorm 1979, 145, 158 ff.; OLG Celle NdsRpfl. 1980, 31 = FamRZ 1980, 610 — LS.

§ 6 Der Rang der Berechtigten

Wenn und nur dann, wenn[1] die verfügbaren Geldmittel des Verpflichteten nicht ausreichen, um außer seinem eigenen Unterhalt und den sonstigen Verbindlichkeiten alle an ihn gestellten Unterhaltsansprüche zu erfüllen, entscheidet zunächst[2] der Rang der einzelnen Ansprüche darüber, inwieweit ein Unterhaltsanspruch besteht[3].

A. Die Rangverhältnisse

I. Der Rang der Verwandten untereinander

Die Rangordnung der Verwandten wird von § 1609 Abs. 1 geregelt. Vorrang vor den Verwandten der aufsteigenden Linie genießen die Abkömmlinge, unter diesen die Kinder. An erster Stelle stehen die minderjährigen unverheirateten Kinder, volljährige oder verheiratete Kinder folgen[4]. Danach rangieren die weiteren Abkömmlinge[5], die untereinander ranggleich sind[6]. Demgegenüber wird bei Verwandten der aufsteigenden Linie strikt nach dem Grad der Verwandtschaft differenziert[7].

Zu den Abkömmlingen zählen auch nichteheliche Kinder oder Enkel. Durch Abs. 1 Nr. 12 NEhelG wurde die Abhängigkeit der Rangordnung von der gesetzlichen Erbfolge aufgehoben[8].

---

[1] Es wird oft übersehen, daß die Rangordnung nur im Falle beschränkter Leistungsfähigkeit von Bedeutung ist; vgl. den Wortlaut des § 1609 Abs. 1; a. A. OLG Schleswig FamRZ 1982, 705; wie hier: Soergel / Herm. Lange § 1609 Rz 2; Schwab, Handbuch, Rz 351; Köhler, Handbuch, Rz 16; Göppinger / Wenz Rz 1251; Gernhuber FamR § 41 IV 1., S. 610 f.; besonders deutlich: Mot. IV, 688: „... wenn der Verpflichtete ... nicht im Stande ist, allen Ansprüchen Genüge zu leisten".

[2] Vgl. zu Ausnahmen § 7.

[3] Vgl. §§ 1603 Abs. 1, 1581 S. 1; die Rangordnung konkretisiert für Unterhaltsansprüche den Begriff der Berücksichtigung. Vgl. bereits oben § 1 A. I.

[4] Vgl. z. B. BGH FamRZ 1980, 555, 556.

[5] Enkel, Urenkel.

[6] a. A. MünchKomm-Köhler § 1609 Rz 2; AK-BGB-Derleder § 1609 Rz 2; wie hier Göppinger / Wenz Rz 1252; Soergel / Herm. Lange § 1609 Rz 2; vgl. auch die Begründung des Regierungsentwurfs zum NEhelG, BT-Drs. V/2370 S. 40: für eine weitere Unterscheidung bestehe kein praktisches Bedürfnis; eine Durchbrechung der Parallele zwischen § 1609 und § 1606 konstatiert insoweit Gernhuber FamR § 41 VI 2., S. 611.

[7] Vgl. § 1609 Abs. 1, 1589 S. 3.

[8] Vgl. BT-Drs. V/2370, S. 40, abgedr. bei Jansen / Knöpfel, S. 161; da das nichteheliche Kind nach wie vor nicht gesetzlicher Erbe seines Vaters ist, sondern ihm nach Maßgabe der §§ 1934 a ff. lediglich ein Erbersatzanspruch zusteht, war ohne diese Abkopplung der Verfassungsauftrag des Art. 6 Abs. 5

Eine Verschiebung der Rangverhältnisse hat das Gesetz zur Neuregelung des Volljährigkeitsalters gebracht[9]. Eine der Auswirkungen dieses Gesetzes ist die im Bereich des § 1609 bewirkte Schlechterstellung der 18- bis 21jährigen. Die Vorschrift des § 1610 Abs. 2 dürfte damit gerade für Absolventen höherer Schulen und Studenten häufig leerlaufen[10]. Diese Konsequenz will Brühl verhindern[11]: Er versteht § 1610 Abs. 2 als Spezialvorschrift, die im Hinblick auf die Ausbildungskosten § 1609 verdränge. Diese Auffassung scheint mir dem klaren Wortlaut des § 1610 Abs. 2 zu widersprechen, der die Ausbildungskosten ausdrücklich als Teil des gesamten Lebensbedarfs bezeichnet. Das für diesen Bedarfsposten § 1609 nicht gelten soll, läßt sich nicht mit den Besonderheiten des Begriffs der „angemessenen Vorbildung"[12] begründen.

II. Der Rang der Ehegatten

1. Der Rang des Ehegatten im Verhältnis zu den Verwandten des Unterhaltspflichtigen

Dieses Verhältnis regelt § 1609 Abs. 2. Im Fall der formell intakten Ehe nimmt der Ehegatte zusammen mit den minderjährigen unverheirateten Kindern den ersten Rang ein[13]. Für die geschiedene oder aufgehobene Ehe ist indessen nur der Vorrang des Ehegatten vor den volljährigen oder verheirateten Kindern geregelt[14]. Im Verhältnis zu den minderjährigen unverheirateten Kindern nimmt die h. M. Gleichrang an[15].

GG nicht zu erfüllen. Zur Rechtslage vor dem NEhelG vgl. Roth-Stielow FamRZ 1954, 103; Künkel NJW 1961, 642.

[9] BGBl. I S. 1713; vgl. hierzu OLG Frankfurt FamRZ 1978, 433 mit kritischer Anmerkung der Redaktion a.a.O., S. 435, sowie Bosch FamRZ 1973, 489, 497.

[10] Vgl. hierzu die Begründung des Regierungsentwurfs BT-Drs. 7/117, S. 8: „... Preis für ihre rechtliche Besserstellung in vielen anderen Bereichen..."; kritisch hierzu Bosch FamRZ 1973, 489, 497; die Anknüpfung des Ausbildungsunterhaltes an die Erziehungsbedürftigkeit — so § 1610 a. F. — wurde durch das VolljährigG auf Betreiben des Bundesrats aufgehoben, vgl. BT-Drs. 284/1/74 S. 2; hierzu auch Bosch, Festschr. Schiedermair 1976 S. 51, 62 f.; a. A. jedoch Dieckmann FamRZ 1979, 334, 336 Fn. 11.
Verfassungsrechtliche Bedenken gegen die Wahl des Differenzierungskriteriums „Volljährigkeit" im Rahmen des § 1609 Abs. 1 erhebt Roth-Stielow ZblJR 1982, 331; gegen ihn Bosch FamRZ 1982, 862, 863; Brühl FamRZ 1982, 985.

[11] Brühl FamRZ 1982, 985, 986.

[12] Vgl. hierzu unten § 7 B. III.

[13] § 1609 Abs. 2 S. 1.

[14] § 1609 Abs. 2 S. 2.

[15] Staudinger / Gotthardt § 1609 Rz 18—20; Soergel / Herm. Lange § 1609 Rz 4; MünchKomm-Köhler § 1609 Rz 3; Erman / Küchenhoff § 1609 Rz 2; Palandt / Diederichsen § 1609 Anm. 2 a; Göppinger / Wenz Rz 1266; AK-BGB-Derleder § 1609 Rz 3; Maßfeller / Boehmer § 1609 Anm. 3 b.

2. Das Rangverhältnis zwischen mehreren berechtigten Ehegatten

Der häufigste Fall einer Konkurrenz von Ansprüchen mehrerer Ehegatten wird der einer Scheidung mit anschließender Wiederverheiratung des Unterhaltspflichtigen sein. Dabei macht es keinen Unterschied, ob die erste Ehe geschieden wurde, nichtig war oder aufgehoben wurde[16]. Denkbar ist auch der Fall, daß der Unterhaltsschuldner in Doppelehe lebt[17].

a) Scheidung nach altem Recht

Die Unterhaltsansprüche zwischen Ehegatten, die vor dem 1. Juli 1977 geschieden wurden, ergeben sich nach wie vor aus den §§ 58 ff. EheG[18]. Für diese Ansprüche stand und steht die h. M. auf dem Standpunkt, daß sie im Verhältnis zum Anspruch des neuen Ehegatten[19] gleichrangig sind[20]. Diese Auffassung wird überwiegend auf § 59 Abs. 1 S. 2 EheG gestützt. Da das Gesetz eine ausdrückliche Regelung nicht enthält, kann auch auf den bereits in den Motiven[21] angeführten Gedanken zurückgegriffen werden, daß ohne Regelung des Rangverhältnisses stets Gleichrang anzunehmen ist[22]. Demgegenüber sind die Auffassungen, die dem ersten[23] oder dem zweiten Ehegatten[24] den Vorrang einräumen wollen, in der Minderheit geblieben.

---

[16] Sieht man von den Ausnahmeregelungen der §§ 26 Abs. 2, 37 Abs. 2 EheG ab, so ergeben sich gegenüber der Scheidung keine Abweichungen, vgl. § 26 Abs. 1, 37 Abs. 1 EheG; zur Wiederverheiratung im Fall der Todeserklärung vgl. § 38, 39 EheG.

[17] Dieser Fall ereignete sich in jüngster Vergangenheit mehrfach: versehentlich wurden Scheidungsurteile nicht sämtlichen materiell Beteiligten in den Folgesachen — vgl. § 59 FGG — zugestellt, so daß die Scheidung der ersten Ehe nicht rechtskräftig werden konnte; vgl. hierzu auch § 20 Abs. 2 EheG. Für diese Fälle trifft § 26 Abs. 3 EheG eine Sonderregelung; soweit diese nicht eingreift, bleibt es gemäß § 26 Abs. 1 EheG bei den Folgen der Scheidung.

[18] Art. 12 Nr. 3 Abs. 2 1. EheRG.

[19] §§ 1360, 1360 a, 1361.

[20] Staudinger / Gotthardt § 1609 Rz 18—20; Soergel / Häberle vor § 1569 Rz 41; RGRK / Wüstenberg / Königer § 59 EheG Anm. 52; MünchKomm-Richter § 1582 Rz 3; Erman / Ronke § 59 EheG Rz 4; Hoffmann / Stephan § 59 EheG Rz 30; Göppinger / Wenz Rz 1266; AK-BGB-Derleder § 1582 Rz 1; Furler S. 67 ff., 68; Dieckmann FamRZ 1977, 81, 161, 163; zur neueren Rechtsprechung vgl. unten Fn. 27.

[21] Mot. IV, 688.

[22] Göppinger / Wenz Rz 1251.

[23] Bosch, Neue Rechtsordnung, S. 62; Schreiber NJW 1953, 631; Habscheid FamRZ 1959, 319.

[24] Dölle I S. 640; Palandt / Diederichsen, 35. Aufl., § 59 EheG Anm. 5; LG Darmstadt MDR 1959, 1012.

3. Kap.: Die Leistungsfähigkeit des Verpflichteten

In neuerer Zeit wurde von Engelhardt[25] die These vertreten, daß der Gesetzgeber mit der Formulierung des § 1582 eine Konkretisierung dessen vorgenommen habe, „was im Konflikt der Unterhaltsansprüche mehrerer Ehegatten heute als billig gelten kann". Während sich in der Literatur ein Anhänger dieser Auffassung gefunden hat[26], ist die Resonanz in der Rechtsprechung bisher durchweg negativ[27]. Die Ablehnung wird in erster Linie damit begründet, daß, worauf Engelhardt auch selbst hinweist, der Gesetzgeber in der Begründung des Regierungsentwurfs zu Art. 12 Nr. 3 Abs. 2 des 1. EheRG[28] davon ausging, daß § 1582 den nach altem Recht geschiedenen Ehegatten keinen Vorrang verschaffen könne. Damit ist jedoch die These Engelhardts nicht zwingend widerlegt. Denn die wertausfüllungsbedürftigen Begriffe der § 58 ff. EheG bedürfen einer Auslegung, die den sich wandelnden Wertvorstellungen anzupassen ist[29]. Gegen Einwirkungen des § 1582 auf die §§ 58 ff. EheG spricht jedoch ausdrücklich Art. 12 Nr. 9 1. EheRG[30]. Der Gesetzgeber hat mit dieser Norm, die sich im Gegensatz zu Art. 12 Nr. 3 Abs. 2 1. EheRG speziell mit dem Rang der Unterhaltsansprüche befaßt, zu erkennen gegeben, daß es bei dem von der h. M. angenommenen Gleichrang bleiben soll.

Meines Erachtens scheidet eine geänderte Auslegung der §§ 58 ff. EheG noch aus einem weiteren Grund aus. § 1582 führt in einer erheblichen Anzahl von Fällen zu einem Vorrang des geschiedenen Ehegatten[31]. In der Begründung des Regierungsentwurfs zum 1. EheRG[32] wurde dieser Vorrang damit gerechtfertigt, daß dem neuen Ehepartner des Unterhaltsverpflichteten bekannt sei, ob und inwieweit mit „besonders stark begründeten Unterhaltsansprüchen des früheren Ehegatten" gerechnet werden müsse. Die Dispositionsfreiheit der Ehepartner in der neuen Ehe sei eingeschränkt; dies gelte insbesondere für die Möglichkeit, eine Hausfrauen- oder eine Hausmannsehe zu führen[33]. „In manchen Fällen

---

[25] JZ 1976, 576, 579.
[26] Palandt / Diederichsen § 1582 Anm. 1 a. E., sowie Diederichsen NJW 1977, 353, 361 Fn. 103.
[27] OLG Oldenburg FamRZ 1980, 53; OLG Düsseldorf FamRZ 1980, 1013; i. Erg. ebenso OLG Frankfurt FamRZ 1979, 41 m. Anm.; OLG Köln FamRZ 1983, 508.
[28] BT-Drs. 7/650 S. 233.
[29] Palandt / Diederichsen § 1582 Anm. 1 a. E.
[30] Danach ist auf Unterhaltsansprüche nach den §§ 58 ff. EheG § 850 d Abs. 2 Buchst. a ZPO in der alten Fassung, also ohne den Zusatz „für das Rangverhältnis des Ehegatten zu einem früheren Ehegatten gilt jedoch § 1582 entsprechend" anzuwenden.
[31] Der häufigste Fall dürfte wohl der sein, daß der geschiedene Ehegatte gemeinschaftliche Kinder betreut, §§ 1570, 1582 S. 2.
[32] BT-Drs. 7/650 S. 143; vgl. auch BT-Drs 7/4694 S. 12.
[33] Vgl. § 1356 Abs. 1 S. 1; mit diesen Erwägungen wurde versucht, den im

§ 6 Der Rang der Berechtigten

wird in der neuen Ehe auch auf Kinder verzichtet werden müssen[34]." Folgt man der These Engelhardts, so treten diese Konsequenzen des § 1582 auch bei Unterhaltsansprüchen auf, die auf den §§ 58 ff. EheG beruhen. Bei diesen Ansprüchen war indessen angesichts der gefestigten h. M. mit derartigen Konsequenzen nicht zu rechnen. Die den Vorrang des geschiedenen Ehegatten nach dem ersten EheG rechtfertigende Argumentation kann deshalb im Rahmen der §§ 58 ff. EheG eine Modifizierung des Rangverhältnisses nicht tragen[35].

b) Scheidung nach dem 1. EheRG — § 1582

Im Gegensatz zu den §§ 58 ff. EheG enthält das neue Scheidungsfolgenrecht mit § 1582 eine sehr detaillierte Regelung des Rangverhältnisses zwischen den konkurrierenden Ehegatten.

Als Grundsatz sieht § 1582 einen Vorrang des geschiedenen Ehegatten vor[36]. Dieser Vorrang besteht ausnahmsweise dann nicht, wenn dem neuen Ehegatten — unterstellt er wäre ebenfalls geschieden[37] — bei entsprechender Anwendung der §§ 1569—1574, 1576 und 1577 Abs. 1 ein Unterhaltsanspruch zustünde. In diesem Fall ist in Ermangelung einer konkreten Regelung Gleichrang anzunehmen[38]. Eine Gegenausnahme — und damit wieder Vorrang des geschiedenen Ehegatten — greift dann ein, wenn dieser Unterhaltsansprüche nach den §§ 1570[39] oder 1576 hat, oder die geschiedene Ehe von langer Dauer war[40].

Hinblick auf Art. 6 GG und die mit § 1582 verbundene Bevorzugung des geschiedenen Ehegatten vorgebrachten verfassungsrechtlichen Bedenken entgegenzutreten; vgl. zu dieser Diskussion nur Soergel/Häberle § 1582 Rz 6 m. w. N.

[34] BT-Drs. 7/650 S. 143; krit. hierzu Dieckmann FamRZ 1977, 81, 161, 163; vgl. auch Bosch FamRZ 1977, 569, 577.

[35] Im Erg. ebenso Köhler, Handbuch, Rz 421; Rolland § 1582 Rz 21, der zur Begründung die unterschiedliche Struktur der Unterhaltstatbestände alten und neuen Rechts heranzieht; vgl. auch die oben Fn. 27 genannte Rechtsprechung.

[36] § 1582 Abs. 1 S. 1; Soergel/Häberle § 1582 Rz 2; a. A. Göppinger/Wenz Rz 1272; Bastian in Bastian/Roth-Stielow/Schmeiduch § 1582 Rz 1, 3; Rolland § 1582 Rz 3.

[37] Der Anspruch aus den §§ 1360, 1360 a, 1361 bleibt außer Betracht; Soergel/Häberle § 1582 Rz 3; Schwab, Handbuch, Rz 353; polemische Kritik an der Gesetzgebungstechnik bei Bosch FamRZ 1977, 569, 577.

[38] Vgl. BT-Drs. 7/650 S. 143; ebenso die h. M., Soergel/Häberle § 1582 Rz 3; Schwab, Handbuch, Rz 355; Ambrock § 1582 Anm. I 1; Göppinger/Wenz Rz 1273; Bastian in Bastian/Roth-Stielow/Schmeiduch § 1582 Rz 11; Rolland § 1582 Rz 7; AK-BGB-Derleder § 1582 Rz 3; Maßfeller/Boehmer § 1582 Anm. 2.

[39] Verfassungsrechtliche Bedenken gegen diesen Vorrang der geschiedenen Frau erhebt OLG Schleswig FamRZ 1983, 282 für den Fall, daß auch die zweite Ehefrau entsprechend § 1570 berechtigt wäre.

[40] BT-Drs. 7/650 S. 143: 20 Jahre; Soergel/Häberle § 1582 Rz 5 und Münch-Komm-Richter § 1582 Rz 19: 15 Jahre; Ambrock § 1582 Anm. I 2: 15—20 Jahre.

III. Rangverhältnis zwischen geschiedenem, neuem Ehepartner und minderjährigen unverheirateten Kindern des Verpflichteten aus erster und zweiter Ehe

1. Gleichrang

Besteht zwischen den beiden Ehepartnern des Verpflichteten Gleichrang — dies kann entweder darauf beruhen, daß die Unterhaltsansprüche des Geschiedenen auf den §§ 58 ff. EheG basieren[41] oder auf § 1582 Abs. 1 S. 1 2. Halbs.[42] — so ergeben sich keine Schwierigkeiten: alle Berechtigten teilen denselben Rang.

2. Vorrang des geschiedenen Ehegatten

a) Gesetzliche Regelung

Das Gesetz regelt diese Konkurrenzsituation in den §§ 1582 Abs. 1, 2, 1609. Allerdings ist die Gesetzesfassung widersprüchlich. Gemäß § 1582 Abs. 2, 1609 Abs. 2 stehen die Ehegatten den minderjährigen unverheirateten Kindern im Rang gleich. Gleichrang besteht auch zwischen den Kindern aus erster und zweiter Ehe[43]. Ist jedoch der Rang der Ehegatten unterschiedlich, so ist es ein Gebot der Logik, daß die Kinder aus beiden Ehen nicht gleichzeitig im Verhältnis zueinander und im Verhältnis zu ihrem unterhaltsberechtigten Elternteil gleichrangig sein können[44].

b) Relativer Vorrang des geschiedenen Ehegatten?

Demgegenüber war die Bundesregierung[45] der Auffassung, daß es möglich sei, einen lediglich „relativen Vorrang" des neuen Ehegatten unter Wahrung des Gleichrangs aller Kinder mit beiden Ehegatten einzuführen. Dasselbe Ergebnis wollte auch der Rechtsausschuß des Bundestages erreichen[46] und durch § 1582 Abs. 2 sicherstellen. Im Hinblick auf die vom Bundesrat[47] vorgetragenen Bedenken hinsichtlich der prak-

---

[41] Vgl. oben A. II. 2. a).
[42] Vgl. oben A. II. 2. b).
[43] § 1609 Abs. 1; BGH FamRZ 1980, 43, 44; 1982, 590, 591.
[44] Ebenso Soergel / Häberle § 1582 Rz 13; Herm. Lange JuS 1976, 684, 686 Fn. 17; Dieckmann FamRZ 1977, 81, 161, 163; Rassow FamRZ 1980, 541, 542; Spangenberg DAVorm 1980, 769, 778 f.; Bürgle FamRZ 1973, 508, 514; vgl. auch Müller-Freienfels, Festschr. Beitzke, S. 311, 345.
[45] Gegenäußerung der Bundesregierung zur Stellungnahme des Bundesrates BT-Drs. 7/650 S. 287 ff., 289.
[46] BT-Drs. 7/4361 S. 33.
[47] BR-Drs. 260/73 S. 33, abgedr. in BT-Drs. 7/650, S. 256 ff., 266.

§ 6 Der Rang der Berechtigten

tischen Durchführbarkeit eines relativen Vorrangs fügte der Rechtsausschuß seinem Bericht ein Berechnungsbeispiel hinzu[48]:

Dem Einkommen des Verpflichteten in Höhe von 1800,— DM stehen folgende Bedarfsposten gegenüber: Der Eigenbedarf des Verpflichteten in Höhe von 700,— DM, der Bedarf der geschiedenen und neuen Frau in Höhe von je 600,— DM sowie der Bedarf der beiden Kinder aus erster und zweiter Ehe in Höhe von je 200,— DM. Der Leistungsfähigkeit des Verpflichteten in Höhe von 1100,— DM stehen Bedarfsposten in Höhe von insgesamt 1600,— DM gegenüber. In der ersten Berechnungsstufe soll der Kindesunterhalt dadurch ermittelt werden, daß der Betrag von 1100,— DM im Verhältnis 600 : 600 : 200 : 200 aufgeteilt wird. Auf die Kinder entfällt ein Betrag von je 137,50 DM. In der zweiten Berechnungsstufe soll der Unterhalt der geschiedenen Frau in der Weise berechnet werden, daß der Betrag von 1100,— DM im Verhältnis 600 : 200 : 200 gequotelt wird. Hiernach entfällt auf die geschiedene Frau ein Betrag von 660,— DM. Damit wird ihr voller Bedarf in Höhe von 600,— DM abgedeckt. Den überschießenden Betrag in Höhe von 60,— DM erhält die neue Ehefrau.

Gerade dieses Beispiel macht deutlich, daß das vom Gesetzgeber intendierte Ziel nicht erreichbar ist. Dies gilt zumindest für das vorgeschlagene Berechnungsmodell. Denn dieses führt zu einem eindeutigen Vorrang des geschiedenen Ehegatten nicht nur gegenüber dem neuen Ehegatten, sondern auch gegenüber den Kindern[49]. Der geschiedene Ehegatte erhält als einziger 100 % seines Bedarfs. In den Rest teilen sich die Kinder, deren Bedarf zu je 68,75 % gedeckt wird, und der neue Ehegatte, der nur 37,5 % seines Bedarfs decken kann. Von einem nur „relativen Vorrang" im Verhältnis der Ehegatten untereinander unter Wahrung des Gleichrangs im übrigen kann somit keine Rede sein[50].

Richter[51] meint demgegenüber, diese Ergebnisse könnten durch die unterschiedlichen Selbstbehaltssätze der §§ 1581 einerseits und 1603 andererseits korrigiert werden. Diese Auffassung ist m. E. nicht haltbar. Sie verkennt zum einen die Funktion des Selbstbehaltes[52], die nicht

---

[48] BT-Drs. 7/4361, S. 34; zustimmend: Bastian in Bastian / Roth-Stielow / Schmeiduch § 1582 Rz 14; Palandt / Diederichsen § 1582 Anm. 5; MünchKomm-Richter § 1582 Rz 22 Fn. 20 und Ergänzung hierzu; Erman / Ronke § 1582 Rz 15; Maßfeller / Boehmer § 1582 Anm. 3; Henrich § 15 I 2 d bb, S. 104 f.; Kniebes DRiz 1976, 325, 330; Hampel FamRZ 1982, 656, 659 f.; ablehnend: Soergel / Häberle § 1582 Rz 12, 13; MünchKomm-Köhler § 1609 Rz 3; Göppinger / Wenz Rz 1278; Schwab, Handbuch, Rz 361; Dieckmann FamRZ 1977, 81, 161, 163 f.; OLG Stuttgart FamRZ 1981, 1181 f.; krit. auch Ambrock § 1582 Anm. II und AK-BGB-Derleder § 1582 Rz 5 f.
[49] AK-BGB-Derleder § 1582 Rz 6.
[50] Herm. Lange FamRZ 1973, 580, 581.
[51] MünchKomm-Richter, Ergänzung zu § 1582 Rz 22.
[52] Vgl. oben § 5 A. I.

darin gesehen werden kann, Ergebnisse eines falschen Berechnungsweges zu korrigieren, sowie die praktischen Gegebenheiten: zum einen werden in einer Vielzahl von Mangelfällen beide Selbstbehalte gleich beziffert, zum andern ist bei einer steigenden Zahl von Berechtigten absehbar, daß auch die größtmögliche Differenz zwischen beiden Beträgen für eine Korrektur nicht ausreicht.

c) Lösung

In der Literatur haben sich mittlerweile verschiedene Autoren zu der Auffassung bekannt, daß es dem Gesetz am ehesten entspreche, sämtlichen Kindern und dem geschiedenen Ehegatten den ersten Rang einzuräumen, während der neue Ehegatte diesen Berechtigten gegenüber im Rang nachgehen muß[53]. Die denkbaren Alternativen werden demgegenüber — soweit ersichtlich — nirgends vertreten. Dies gilt zunächst für die theoretische Möglichkeit, die Kinder zusammen mit dem neuen Ehegatten in den zweiten Rang zu verweisen. Hiergegen spricht, daß kein Grund ersichtlich ist, den geschiedenen Ehegatten zu Lasten der Kinder zu bevorzugen, sondern im Gegenteil diese Lösung im Widerspruch zu § 1609 Abs. 2 stünde[54]. Die andere Möglichkeit, die Kinder ihrem jeweiligen Elternteil gleichzustellen[55], widerspricht § 1609 Abs. 1[56]. Zwar läßt sich die eingangs erwähnte, m. E. richtige Lösung auch nicht ohne weiteres dem Gesetz entnehmen[57], was letztendlich auf der widersprüchlichen Gesetzesfassung beruht. Dennoch dürfte sie dem Gesetz am nächsten kommen. Die Normenkonkurrenz[58] zwischen §§ 1582 und 1609 ist im eingangs genannten Sinne zu lösen. Während § 1609 Abs. 2 das Rangverhältnis zwischen Kindern und Ehegatten regelt, erfaßt § 1582 den anderen Fall, daß zu der vorgenannten Konstellation noch ein weiterer Ehegatte hinzutritt. Der für diesen Fall in § 1582 Abs. 1 angeordnete Vorrang des geschiedenen Ehegatten überlagert § 1609 Abs. 2 insoweit. „Im übrigen"[59], also soweit diese Überlagerung nicht gilt, bleibt § 1609 unberührt, so daß die Kinder den gleichen Rang wie der geschie-

---

[53] Soergel / Häberle § 1582 Rz 13; Weychardt DAVorm 1979, 145, 147; Göppinger / Wenz Rz 1278; MünchKomm-Köhler § 1609 Rz 3; MünchKomm-Richter, Ergänzung zu § 1582 Rz 22; AK-BGB-Derleder § 1582 Rz 5; Palandt / Diederichsen § 1582 Anm. 2 a; Dieckmann FamRZ 1977, 81, 161, 163 Fn. 171; OLG Schleswig FamRZ 1983, 282, 283.

[54] Soergel / Häberle § 1582 Rz 13; Herm. Lange FamRZ 1972, 225, 231; vgl. auch den Bericht des Rechtsausschusses BT-Drs. 7/4361 S. 33.

[55] So offensichtlich Held FamRZ 1971, 490, 495; a. A. zu Recht Herm. Lange FamRZ 1972, 225, 231 Fn. 48.

[56] Zum Problem auch Herm. Lange JuS 1976, 684, 686 Fn. 17.

[57] So auch AK-BGB-Derleder, § 1582 Rz 5 a. E.

[58] Larenz, Methodenlehre, S. 250 ff., Fn. 25; es handelt sich um einen Fall der verdrängenden Konkurrenz, Enn.-Nipperdey, § 60 I 3.

[59] § 1582 Abs. 2.

dene Ehegatte einnehmen. Der Sinn des § 1582, der — worauf auch sein Wortlaut hinweist[60] — für seinen Geltungsbereich § 1609 nicht ergänzen, sondern ersetzen soll, führt zu dieser Auslegung[61].

IV. Der Rang der Mutter eines nichtehelichen Kindes

Der Vater eines nichtehelichen Kindes hat der Mutter aus Anlaß der Geburt im Rahmen des § 1615 l Unterhalt zu gewähren. Abs. 3 S. 3 bestimmt den Rang dieses Anspruchs gegenüber den sonstigen Berechtigten. Die Mutter nimmt nach dieser Vorschrift einen Zwischenrang zwischen den vorrangigen minderjährigen unverheirateten Kindern sowie der Ehefrau des Vaters und den ihr gegenüber nachrangigen sonstigen Verwandten des Vaters ein. Sie geht damit im Rang ihrem eigenen nichtehelichen Kind nach[62]. Dasselbe gilt im Hinblick auf Unterhaltsansprüche einer geschiedenen Frau des Vaters, da deren Ansprüche denen der minderjährigen unverheirateten Kinder gleichgestellt sind[63].

V. Der Rang der Unterhaltsansprüche in der Zwangsvollstreckung

1. Das Verhältnis der Rangordnung zum Prioritätsprinzip

Vollstrecken mehrere Gläubiger in eine Forderung des Schuldners, so gilt hinsichtlich ihrer Befriedigung das Prioritätsprinzip[64]. Ist Objekt des Pfändungs- und Überweisungsbeschlusses das Arbeitseinkommen des Schuldners, so verbleiben dem Schuldner die im einzelnen sich aus § 850 c ZPO ergebenden Beträge. Ein weitergehender Zugriff auf das Arbeitseinkommen des Schuldners ist im Rahmen des § 850 d ZPO dann möglich, wenn die vollstreckbare Forderung ein gesetzlicher Unterhaltsanspruch ist[65]. Dann sind dem Schuldner lediglich die sich aus § 850 d

---

[60] § 1582 Abs. 2: „... im übrigen..."
[61] Ähnlich Held FamRZ 1971, 490, 495; MünchKomm-Richter § 1582 Rz 22 Fn. 20; es handelt sich jedoch nicht um ein Verhältnis der Spezialität, sondern um einen Fall der Überschneidung der Regelungsbereiche, vgl. Larenz, Methodenlehre, S. 250 ff. Ähnlich in der Begründung, jedoch mit anderem Ergebnis Köhler, Handbuch, Rz 319; im Ergebnis wie hier Dieckmann FamRZ 1977, 81, 161, 163 Fn. 171; Palandt / Diederichsen § 1582 Anm. 2 a; OLG Schleswig FamRZ 1983, 282, 283.
[62] Soergel / Herm. Lange § 1615 l Rz 6; MünchKomm-Köhler § 1615 l Rz 5; Odersky § 1615 l Anm. II 9 b; Koerting MDR 1971, 263, 264; Brüggemann FamRZ 1971, 140, 146; anders im Vollstreckungsrecht: Gleichrang gem. § 850 d Abs. 2 Buchst. a ZPO.
[63] § 1609 Abs. 2; vgl. oben A. II. 1.
[64] § 804 Abs. 3 ZPO.
[65] Stöber Rz 1076 ff.; Göppinger / Wax Rz 3306.

Abs. 1 S. 2, 3 ZPO ergebenden Beträge zu belassen. Im sogenannten Vorrechtsbereich, also dem Bereich, der gemäß § 850 d Abs. 1 ZPO nur den Gläubigern gesetzlicher Unterhaltsansprüche offensteht, tritt an die Stelle des Prioritätsprinzips die Rangordnung des § 850 d Abs. 2 ZPO[66]. Diese Rangordnung ist im wesentlichen den materiellrechtlichen Vorschriften der §§ 1609, 1582 angeglichen[67]. Lediglich der Anspruch der nichtehelichen Mutter gemäß § 1615 l, 1615 n ist auf die erste Rangstufe angehoben[68]. Das Vollstreckungsgericht kann jedoch das Rangverhältnis der erstrangig Berechtigten zueinander „nach billigem Ermessen in anderer Weise festsetzen"[69].

2. Die Sicherung des Ranges in der Zwangsvollstreckung

Die Vorrangstellung der Unterhaltsgläubiger gegenüber Normalgläubigern ist durch die Reservierung des Vorrechtsbereichs gesichert. Probleme der Rangsicherung ergeben sich dann, wenn mehrere konkurrierende Unterhaltsgläubiger zu berücksichtigen sind. Insoweit sind zwei Problemkonstellationen denkbar, nämlich einerseits die, daß nur einer von mehreren Unterhaltsgläubigern vollstreckt und andererseits der Fall, daß mehrere Unterhaltsgläubiger nacheinander vollstrecken. Vorab soll jedoch nochmals klargestellt werden, daß die Problematik der Rangsicherung sich auf den Vorrechtsbereich beschränkt. Außerhalb dieses Bereichs gilt gemäß § 804 Abs. 3 ZPO das Prioritätsprinzip[70].

Gegenstand der bevorrechtigten Zwangsvollstreckung sind laufende Unterhaltsbeträge sowie Rückstände bis zur Grenze des § 850 d Abs. 1 S. 4 ZPO[71].

---

[66] Dies gilt aber nur für den sog. Vorrechtsbereich; vgl. Stöber, Rz 1271 f.; Frisinger S. 164 f.; ders. NJW 1970, 715; Baumbach / Hartmann § 850 d ZPO Anm. 1 Cc; Behr DAVorm 1981, 799, 814; Kandler NJW 1958, 2048, 2049 f.; a. A. Henze Rpfleger 1980, 456, 458.

[67] Richtet sich der Anspruch eines geschiedenen Ehegatten nach altem Recht (vgl. oben A. II. 2. a), so ist gem. Art. 12 Nr. 9 des 1. EheRG § 850 d Abs. 2 in der bisher geltenden Fassung anzuwenden, also ohne den Zusatz „für das Rangverhältnis eines Ehegatten zu einem früheren Ehegatten gilt jedoch § 1582 ... entsprechend".

[68] Vgl. oben A. IV.

[69] § 850 d Abs. 2 Buchst. a, dritter Teils. ZPO; grundsätzlich besteht Gleichrang, Abweichungen ergeben sich aufgrund des § 1582. Die Möglichkeit der Rangänderung wurde in das Gesetz aufgenommen, um eine eventuelle Bevorzugung nichtehelicher Kinder zu vermeiden, die sich aus der Anwendung der Vorschriften über den Regelunterhalt ergeben könnte, vgl. BT-Drs. 5/3719 S. 50 f.

[70] Vgl. oben A. V. 1.

[71] Frisinger S. 143 f.; Stein / Jonas / Münzberg § 850 d ZPO Anm. I B 4.

§ 6 Der Rang der Berechtigten

a) Nur ein Unterhaltsgläubiger vollstreckt

aa) Vorrang des vollstreckenden Gläubigers

Geht der vollstreckende Unterhaltsgläubiger den übrigen Unterhaltsberechtigten im Rang vor, so ergibt sich aus § 850 d Abs. 1 S. 2 ZPO, daß lediglich der notwendige Unterhalt des Schuldners zu berücksichtigen ist. Die anderen Unterhaltsberechtigten werden solange nicht berücksichtigt, bis der vollstreckende Gläubiger befriedigt ist.

bb) Nachrang des vollstreckenden Gläubigers

Neben dem notwendigen Unterhalt des Schuldners sind in diesem Fall die Ansprüche der anderen Unterhaltsberechtigten anzurechnen. Problematisch ist indessen die Höhe der zu berücksichtigenden Beträge. Für den Schuldner ist dessen notwendiger Unterhalt anzusetzen. Insoweit bietet sich die Anwendung der auch im materiellen Recht üblichen Selbstbehaltssätze[72] an. Die Ansprüche der vorrangigen Unterhaltsberechtigten sind demgegenüber im vollen Umfang zu berücksichtigen[73]. Ihnen steht „angemessener Unterhalt" zu. Alles andere würde auf eine Änderung der materiell rechtlichen Rangordnung durch das Vollstreckungsrecht hinauslaufen.

cc) Gleichrang des vollstreckenden Gläubigers

Steht der vollstreckende Gläubiger den übrigen Unterhaltsgläubigern im Rang gleich, so ist dem Schuldner außer seinem notwendigen Unterhalt soviel zu belassen, wie er zur „gleichmäßigen Befriedigung der dem Gläubiger gleichstehenden Berechtigten" benötigt[74]. Da von der Pfändung zunächst der allgemein pfändbare Bereich erfaßt wird, für den § 850 d Abs. 1 S. 2 ZPO nicht gilt, nimmt der vollstreckende Gläubiger an der Verteilung des Vorrechtsbereichs auf alle Berechtigten nur mit dem Betrag teil, der aus dem allgemein pfändbaren Bereich nicht befriedigt werden konnte[75]. „Gleichmäßig" bedeutet hier nicht Verteilung nach Köpfen, sondern im Hinblick auf die unterschiedliche Höhe der einzelnen Ansprüche anteilige Befriedigung[76].

---

[72] De Grahl DAVorm 1982, 1, 10; vgl. z. B. die Düsseldorfer Tabelle FamRZ 1981, 1207, 1208: 825,—/900,— DM.

[73] Frisinger S. 148 ff.; a. A. die wohl h. M., vgl. Stein / Jonas / Münzberg § 850 d ZPO I D 2 b; Stöber Rz 1099; Göppinger / Wax Rz 3309; die einzige dem Gesetz zu entnehmende Grenze der Abzugsfähigkeit enthalten die §§ 850 d Abs. 1 S. 3, 850 c ZPO. Weshalb unterhalb dieser Grenze die Ansprüche der vorrangigen Unterhaltsgläubiger beschränkt werden sollen, vermag die h. M. nicht einleuchtend zu begründen; vgl. die ausführliche Erörterung der Problematik bei Brühl, 2. Aufl., S. 482 f.

[74] § 850 d Abs. 1 S. 2 ZPO.

[75] Behr DAVorm 1981, 609, 799, 815.

[76] Frisinger S. 143; Stein / Jonas / Münzberg § 850 d ZPO Anm. I D 2 b; Stöber Rz 1101.

b) Vollstreckung durch mehrere Unterhaltsgläubiger nacheinander

Unproblematisch ist der Fall, daß der zuerst pfändende Gläubiger auch vorrangig ist. Pfändet dagegen der rangschlechtere Gläubiger zuerst, so sind die dem vorrangigen Gläubiger zustehenden Beträge zu reservieren. Haben die nacheinander pfändenden Gläubiger den gleichen Rang, so ist für die nichtvollstreckenden Gläubiger der Betrag zurückzustellen, der bei einer anteiligen Verteilung des Vorrechtsbereichs auf sie entfiele[77]. Dabei ist der erstpfändende Gläubiger nur insoweit zu berücksichtigen, als er sich nicht aus dem allgemeinen pfändbaren Bereich befriedigen konnte. Es ergeben sich somit gegenüber oben a) keine wesentlichen Abweichungen[78].

B. Konkurrenz gleichrangiger Berechtigter im Fall beschränkter Leistungsfähigkeit

Reicht das Leistungsvermögen des Verpflichteten nicht aus, um den Bedarf mehrerer Berechtigter zu befriedigen, so bleibt nur eine anteilige Kürzung der Ansprüche. Gleichrangige Unterhaltsansprüche beschränken sich gegenseitig[79]. Das Kürzungsverfahren bereitet — soweit keine weiteren Probleme hinzutreten[80] — keine Schwierigkeiten, wenn die Einsatzbeträge bekannt sind. Dann sind lediglich die verfügbaren Geldmittel im Verhältnis dieser Beträge zu verteilen[81].

I. Ermittlung der Einsatzbeträge

1. Bedarf

Da der Bedarf, jedenfalls bei entsprechender Bedürftigkeit, den Einsatzbetrag bildet, ist auch im Fall beschränkter Leistungsfähigkeit eine Bedarfsermittlung unerläßlich. Insoweit kann größtenteils auf bereits erörterten Fragen verwiesen werden[82]. Im vorliegenden Zusammenhang seien deshalb nur folgende Punkte kurz angesprochen:

---

[77] Zum Verfahren vgl. Stein / Jonas / Münzberg § 850 d ZPO Anm. I E 1.
[78] Zu geringen denkbaren Abweichungen vgl. Frisinger S. 164 f.
[79] Vgl. Mot. IV, S. 688; Soergel / Herm. Lange § 1609 Rz 2 a. E.; Göppinger / Wenz Rz 1261; Köhler, Handbuch, Rz 18.
[80] Zu den Problemen um das Kindergeld und differierende Selbstbehalte vgl. oben § 5 C.; zum unterschiedlichen Rang einzelner Bedürfnisse der Konkurrenten vgl. unten § 7.
[81] a. A. Unterhaltsrichtlinien der Familiensenate des OLG Köln FamRZ 1982, 100, 103 f., Ziff. 28 ff.: Verteilung im Verhältnis 8 : 6 : 3 auf Unterhaltspflichtigen, Ehegatten und jedes Kind. Hierbei handelt es sich letztlich um einen Unterhaltsschlüssel — zur Kritik vgl. oben § 3 A. —; weitere Bedenken bestehen insoweit, als dieses Verfahren es nicht ermöglicht, daß Ausmaß der Bedürftigkeit zu berücksichtigen.
[82] Vgl. oben §§ 2—4.

§ 6 Der Rang der Berechtigten 85

Im Fall einer originären oder nicht vom Verpflichteten abgeleiteten Lebensstellung ergeben sich keine Probleme. Der Bedarf ergibt sich aus dem Produkt von Mindestbedarf und dem Index für die Lebensstellung des jeweiligen Berechtigten, der isoliert zu ermitteln ist[83].

Auch im Fall „familiärer Lebensverhältnisse"[84] gestaltet sich die Ermittlung des Bedarfs denkbar einfach. Da alle Beteiligten — auch der Verpflichtete[85] — dieselbe Lebensstellung innehaben, ein Fall beschränkter Leistungsfähigkeit gegeben ist und daher der Index für die Lebensstellung nur 1 sein kann, ergeben sich als Einsatzbeträge stets die Mindestbedarfssätze[86].

Während die Düsseldorfer Tabelle hinsichtlich der Einsatzbeträge der Kinder so verfährt, ermittelt sie den Einsatzbetrag für den berechtigten Ehegatten mit Hilfe des Quotenverfahrens. Dieses Verfahren wurde bereits oben kritisiert, da es den Interdependenzen zwischen den Lebensstellungen der Berechtigten nicht gerecht zu werden vermag[87].

2. Einfluß der Bedürftigkeit auf die Ermittlung der Einsatzbeträge

Da der Bedarf des Berechtigten insoweit gedeckt ist, als er zur Selbstversorgung fähig ist, kann er mit diesem Teil seiner Bedürfnisse am Kürzungsverfahren nicht beteiligt werden[88].

Wenz will demgegenüber eine Ausnahme machen, wenn die Voraussetzungen des § 1603 Abs. 2 S. 1 vorliegen[89]. Genau besehen, stellt diese Konstellation keineswegs eine Durchbrechung des obigen Grundsatzes dar. Denn die Voraussetzungen des § 1603 Abs. 2 S. 1, nämlich das Fehlen einer Möglichkeit, den Bedarf auf eine von § 1603 Abs. 2 S. 2 vorgesehene Weise zu decken, geht zwar nicht notwendig, aber doch typischerweise mit vollständiger oder mit anderen Worten dem Gesamtbedarf entsprechender Bedürftigkeit einher. Für die verbleibenden Fälle scheint mir eine Ausnahme auch sachlich nicht gerechtfertigt. Denn bedenklich sind auch die Konsequenzen der Wenz'schen Ansicht: Kann ein Berechtigter seinen Bedarf zu einem Teil selbst decken, so wird sein Bedarf — folgt man obigem Grundsatz — zu einem höheren Prozentsatz

---

[83] Vgl. im einzelnen oben § 4.
[84] Zum Begriff vgl. oben § 2 B. III. 2.
[85] Beachte jedoch oben § 2 B. IV.
[86] Ebenso die Hammer-Leitlinien FamRZ 1981, 1211, 1214, Ziff. 37; vgl. auch Hampel FamRZ 1981, 1209, 1210.
[87] Vgl. oben § 3 B. I.
[88] Göppinger / Wenz Rz 1261 f. Dasselbe gilt, soweit der Bedarf durch vorab verteilte Kindergeldbeträge gedeckt ist; vgl. hierzu oben § 5 C.
[89] Göppinger / Wenz Rz 1263.

gedeckt, als im Falle vollständiger Bedürftigkeit. Dies beruht darauf, daß der Teil seines Bedarfs, den er selbst decken kann, zu 100 % befriedigt wird. Das von Wenz angestrebte Ergebnis, die Deckung des Bedarfs aller Beteiligten zu einem gleichen Anteil, läßt sich somit nur so erreichen, daß man den ohnehin reduzierten Anspruch des nur teilweise Bedürftigen zugunsten seiner Geschwister weiter kürzt. Auf diesem Weg erreicht man eine teilweise mittelbare Unterhaltspflicht zwischen Geschwistern. Demgegenüber ist es m. E. mit dem Begriff der „gleichmäßigen Verwendung"[90] im Sinne des § 1603 Abs. 2 S. 1 ohne weiteres zu vereinbaren, für die Beteiligung am Kürzungsverfahren auf den Grad der Bedürftigkeit abzustellen.

II. Zum Begriff des Gleichrangs

Zunächst ist festzustellen, daß Gleichrang nicht bedeutet, der Bedarf gleichrangiger Berechtigter sei zu einem gleichen Anteil zu decken. Der zu deckende Anteil am Bedarf eines einzelnen Berechtigten ist vielmehr von weiteren Faktoren abhängig: Der Grad seiner Bedürftigkeit, der etwa auch von vorab zu verteilenden Kindergeldbeträgen[91], geprägt wird, oder auch unterschiedliche Selbstbehalte[92], die der Verpflichtete gegenüber den Berechtigten geltend machen kann, können Differenzen bewirken. Weitere Besonderheiten können sich im Hinblick auf den besonderen Rang einzelner Bedürfnisse ergeben[93]. Eine positive Definition des Gleichrangs ist damit kaum möglich; charakteristisch ist in erster Linie das Fehlen von Rangunterschieden und damit deren Rechtsfolgen: Die Ansprüche schließen sich gegenseitig nicht aus, sie beschränken sich lediglich[94].

C. Konkurrenz verschiedenrangiger Unterhaltsberechtigter im Fall beschränkter Leistungsfähigkeit

Im Fall beschränkter, also nicht zur Deckung des Bedarfs aller Berechtigten ausreichender Leistungsfähigkeit besteht ein Anspruch eines nachrangigen Berechtigten nur insoweit, als nach der Deckung des vollen oder angemessenen Bedarfs vorrangig Berechtigter noch Mittel ver-

---

[90] Zum Begriff „gleichmäßig" im Zusammenhang mit dem Selbstbehalt des Verpflichteten vgl. oben § 5 A. I. 1. b) Fn. 14.
[91] Vgl. oben § 5 C. II. Zur Wirkung der Zuwendung von Kindergeldbeträgen an Kinder vgl. oben § 5 B. I. Fn. 61.
[92] Vgl. oben § 5 C. II.
[93] Vgl. unten § 7 B.
[94] So bereits Mot. IV, S. 688.

§ 6 Der Rang der Berechtigten

fügbar sind[95]. Die Anwendung dieses Grundsatzes bereitet keine Schwierigkeiten, wenn zwischen der Lebensstellung des Verpflichteten und des vorrangigen Konkurrenten keine Interdependenzen bestehen.

Probleme treten jedoch auf, wenn diese Abhängigkeiten gegeben sind und man den vollen oder angemessenen Bedarf in Anlehnung an die obigen Ausführungen[96] ermittelt. Wird nämlich vom Verpflichteten und den mit ihm in „familiären Lebensverhältnissen" lebenden erstrangigen Berechtigten dessen gesamtes Einkommen für die Lebenshaltung ausgegeben, was im vorliegenden Zusammenhang — es geht ja um Fälle beschränkter Leistungsfähigkeit — regelmäßig der Fall sein dürfte, so führt auch das hier vorgeschlagene Verfahren[97] stets zu einer vollständigen Verteilung der vorhandenen Mittel. Zur Deckung des Bedarfs nachrangiger Berechtigter, die nicht die Lebensstellung des Verpflichteten teilen, wäre der Verpflichtete dann nie in der Lage, es sei denn, er deckte den Bedarf tatsächlich, was die Lebensstellung der Familienmitglieder zugunsten des nachrangig Berechtigten reduzieren würde. Zu diesem Verhalten wäre er jedoch nicht verpflichtet.

Diese Problematik läßt sich nur dadurch bewältigen, daß der Begriff des angemessenen Bedarfs für den Fall der beschränkten Leistungsfähigkeit in seiner Schwankungsbreite auch nach oben begrenzt wird. Auf diese Weise kann gewährleistet werden, daß der Unterhaltsanspruch nachrangig Berechtigter nicht faktisch leerläuft. Auch in diesem Zusammenhang muß allerdings den Anknüpfungspunkt für die Beschränkung die Lebensstellung bilden und nicht etwa der Gesamtbedarf, da ansonsten Besonderheiten in der Bedarfsstruktur einzelner Berechtigter nicht Rechnung getragen werden könnte.

Für das Ausmaß der Beschränkung dürfte es sich anbieten, auf das Verhältnis von notwendigem und angemessenem Selbstbehalt zurückzugreifen, was, wie sich noch zeigen wird[98], eine einheitliche Problemlösung in parallel gelagerten Fällen ermöglichen würde. Bezogen auf das oben vorgeschlagene Verfahren würde dies bedeuten, daß der Index für die Lebensstellung des vorrangig Berechtigten auf 1,3... zu begrenzen wäre.

---

[95] h. M., vgl. nur Soergel / Herm. Lange § 1609 Rz 2; Göppinger / Wenz Rz 1258; Köhler Rz 18.
[96] Vgl. oben §§ 2, 4.
[97] Vgl. bereits oben § 4 B.; zum Quotenverfahren vgl. bereits oben § 3 B. II. 2.
[98] Vgl. unten § 7 C.

§ 7 Der Rang der Bedürfnisse

Vorbemerkung

In der unterhaltsrechtlichen Literatur und auch der einschlägigen Rechtsprechung wird kaum zu der Frage Stellung genommen, ob und inwieweit zwischen einzelnen Bedürfnissen differenziert werden kann. Gewisse Beachtung hat in jüngerer Zeit lediglich die Frage gefunden, ob der Deckung des Elementar- gegenüber der des Vorsorgebedarfs Priorität einzuräumen ist. Allenfalls vereinzelte Äußerungen sind dagegen zu parallelen Fragestellungen zu finden. Eine zusammenhängende Darstellung dieser Probleme und ihrer Einordnung in die Struktur des Unterhaltsrechts ist jedoch noch nicht versucht worden. Einen ersten Schritt in diese Richtung zu unternehmen, soll Ziel der folgenden Erörterung sein, wobei allerdings schwerpunktmäßig die Relevanz dieser Fragen für Konkurrenzsituationen erörtert werden wird.

Auch in diesem Abschnitt wird von Rangverhältnissen die Rede sein. Im Schrifttum wird in diesem Zusammenhang auch von einer Bewertung nach Dringlichkeit gesprochen[1]. Meines Erachtens vermag es diese Bezeichnung nicht, dem gesamten Spektrum der denkbaren Differenzierungsgründe gerecht zu werden. Eine Verwechslung mit den oben behandelten Fragen ist auch nicht zu besorgen: während dort der Rang der Berechtigten zur Debatte stand, geht es hier um den Rang einzelner Bedürfnisse[2].

A. Problemstellung

I. Gleichrang als Grundsatz — Ausnahmen

Wenngleich das Gesetz sich zur Frage einer Differenzierung zwischen einzelnen Bedürfnissen nicht ausdrücklich äußert, kann doch hieraus nicht der Schluß gezogen werden, es lasse diese Frage offen. Vielmehr spricht es sich inzidenter für die gleichrangige Behandlung der einzelnen Bedarfsposten aus: „Der Unterhalt umfaßt den gesamten Lebensbedarf..."[3]. Diese Formulierung des Gesetzes und sein Schweigen zu einer Differenzierung im übrigen erlaubt es, von dem Grundsatz des Gleichrangs einzelner Bedürfnisse auszugehen[4].

---
[1] Vgl. etwa Göppinger / Wenz Rz 975.
[2] Vgl. auch unten A. III.
[3] §§ 1610 Abs. 2; 1578 Abs. 1 S. 2.
[4] Vgl. auch Göppinger / Wenz Rz 975: „Die Bewertung einzelner Bedürfnisse nach Dringlichkeit ist (nicht) erforderlich, wenn dem Brdürftigen... der angemessene Unterhalt... zusteht."

Auch dieser Grundsatz wird von Ausnahmen durchbrochen[5]. Da, wie bereits erwähnt, die einschlägigen gesetzlichen Regelungen für eine Differenzierung keine unmittelbaren Ansatzpunkte bieten, können sich diese Ausnahmen nur aufgrund externer Wertungen ergeben, die zum einen auf gesetzlichen Regelungen in anderem Zusammenhang oder auch auf allgemeinen Gesichtspunkten wie etwa der Natur der Sache beruhen können[6]. Im Hinblick auf das Verhältnis Grundsatz/Ausnahme wird man jedoch nicht jeden beliebigen Gesichtspunkt, sondern nur solche Aspekte zur Begründung von Ausnahmen heranziehen können, die eine gewisse Evidenz aufweisen.

II. Methodik

Soweit solche Wertungen begründet sind, stellt sich die Frage, wie ihnen im Rahmen der systematischen Struktur des Unterhaltsanspruchs Rechnung getragen werden kann. Für das Verhältnis Vorsorge-/Elementarbedarf wird gewöhnlich die Billigkeitsregel des § 1581 als „starting point"[7] herangezogen[8]. Diese Auffassung ergibt jedoch nur einen Sinn, wenn man — worauf in diesem Zusammenhang allerdings kaum hingewiesen wird — § 1581 auch im Rahmen des § 1361 zur Bestimmung der Leistungsfähigkeit heranzieht[9]. Schwab will demgegenüber die Gewährung von Ausbildungskosten von einer Zumutbarkeitsprüfung abhängig machen[10].

Als „Fenster"[11], das die Einbringung der genannten Wertungen in das „Ordnungsschema des Gesetzes"[12] erlaubt, bietet sich das Strukturele-

---

[5] Vgl. unten B.
[6] Woher die Bewertungen zu beziehen sind, ist im einzelnen umstritten. Vgl. hierzu Esser, Wandlungen von Billigkeit und Billigkeitsrechtsprechung im modernen Privatrecht, S. 27; Gernhuber, Die Billigkeit und ihr Preis, S. 207 f. und Neues Familienrecht, S. 103; Müller-Freienfels, Ehe und Recht, S. 273; Schmidt, Normzweck und Zweckprogramm, S. 149 f. Einigkeit besteht jedoch weitgehend darin, daß die Wertungen aus dem Rechtssystem selbst abzuleiten sind. Vgl. hierzu auch Engisch, S. 125 ff. Orientierung gewährt in diesem Zusammenhang nicht zuletzt der Grundrechtkatalog und der Rang der in ihm enthaltenen Grundrechte. Vgl. hierzu Dürig, Festschr. Nawiasky, S. 156, 176 ff. und ders. in Maunz / Dürig / Herzog / Scholz, Art. 1 Abs. 3 Rz 127 ff., 132.
[7] Esser, Grundsatz und Norm, S. 150.
[8] Soergel / Häberle § 1578 Rz 36; Schwab, Handbuch, Rz 632; Hampel FamRZ 1979, 249, 252 f.; AK-BGB-Derleder § 1578 Rz 9; Göppinger / Wenz Rz 876 u. allgemein Rz 975; Bartsch JZ 1978, 180, 184; OLG Düsseldorf FamRZ 1981, 671, 673.
[9] So etwa Soergel / Herm. Lange § 1361 Rz 12; i. Erg. ähnlich AK-BGB-Derleder § 1361 Rz 12; einschränkend Brüggemann, 2. DFGT, S. 71, 83; a. A. Müller-Freienfels, Festschr. Beitzke S. 311, 344.
[10] FamRZ 1971, 1, 5; zust. Jung FamRZ 1974, 513, 515; Puls DAVorm 1975, 561, 588.
[11] Esser, Grundsatz und Norm, S. 150.
[12] Esser, Grundsatz und Norm, S. 150.

ment „Leistungsfähigkeit" an. Dieses Element verfolgt zwei Ziele[13]: zum einen determiniert es die Opfergrenze des Verpflichteten; andererseits bewirkt es interdependente Abhängigkeiten und damit einen Ausgleich zwischen den konkurrierenden Ansprüchen. Beide Normzwecke erlauben die Berücksichtigung derartiger, zwischen einzelnen Bedürfnissen differenzierenden Wertungen, da sie mit diesen korrespondieren[14]. Außerdem ist der Begriff der Leistungsfähigkeit wertausfüllungsbedürftig. Zwar wird der normative Charakter dieses Strukturelements selten ausdrücklich angesprochen[15], doch bietet die Rechtsprechung genügend Anschauungsmaterial dafür, daß die Leistungsfähigkeit anhand einer wertenden Betrachtungsweise geprüft und festgestellt wird[16].

Die beiden anderen, bereits erwähnten Konstruktionen — Billigkeitsentscheidung im Rahmen des § 1581 und Zumutbarkeitsprüfung — sind demgegenüber für eine umfassende Behandlung der Problematik nur zum Teil geeignet. Denn zum einen sind die angesprochenen Differenzierungen zwischen einzelnen Bedürfnissen nicht nur im Bereich des Scheidungsunterhalts denkbar, so daß der Hinweis auf die Billigkeitsentscheidung des § 1581 nicht zu befriedigen vermag; zum andern betrifft die Zumutbarkeitsprüfung, die Schwab vorschlägt, und die im Rahmen der angedeuteten wertenden Betrachtungsweise auch durchaus ihren Platz hat, nur das Verhältnis zum Verpflichteten. Die Frage nach der Opfergrenze auf seiten des Verpflichteten ist typischerweise eine Frage der Zumutbarkeit. Nicht in diese Kategorie scheint mir jedoch der Ausgleich im Verhältnis zu den konkurrierenden Berechtigten zu passen. Hier geht es nicht um eine Frage der Zumutbarkeit, sondern um die gegenseitige Beschränkung der Ansprüche gleichrangiger Berechtigter im Rahmen der „Berücksichtigung" sonstiger Verpflichtungen[17].

---

[13] Vgl. bereits oben Einl. zum 3. Kap.

[14] Normzweck und entscheidungsrelevante Wertung müssen miteinander vereinbar sein. Vgl. Esser, Billigkeit und Billigkeitsrechtsprechung, S. 27; Streck, Generalklausel und unbestimmter Rechtsbegriff, S. 143.

[15] Puls, 2. DFGT, S. 114, 149.

[16] Vgl. etwa BGH FamRZ 1982, 792, 793 und 913 — abl. Roth-Stielow NJW 1982, 2853 — zur Bedeutung der Straftat für die Leistungsfähigkeit; weitere Beispiele bieten etwa die Fälle, in denen den Verpflichteten eine Erwerbsobliegenheit trifft; vgl. außerdem OLG Frankfurt FamRZ 1983, 392. Zum normativen Charakter des Begriffs „Berücksichtigung" im Rahmen der Leistungsfähigkeit vgl. bereits oben § 1 B. sowie Roth-Stielow NJW 1982, 2853; Mot. IV., S. 685; BT-Drs. 7/650, S. 140.

[17] Während der Verpflichtete seinen Lebensstandard einschränken muß — Problem der Zumutbarkeit — geht auf seiten der Berechtigten um die umgekehrte Frage, nämlich inwieweit ihnen, die zur Selbstunterhaltung nicht in der Lage sind, verfügbare Mittel zur Bedarfsdeckung zuzuwenden sind.

III. Einordnung der Problematik in die gesetzliche Konkurrenzregelung

Im vorliegenden Zusammenhang steht im Vordergrund die Frage nach den Auswirkungen der genannten Differenzierungen auf die Konkurrenzsituation. Diese Konkurrenzsituation wird vom Gesetz zwar nicht vollständig, aber doch durch die Determinierung einer Rangordnung unter den Berechtigten weitgehend geregelt[18]. Diese vom Gesetz aufgestellte Rangordnung geht den Überlegungen vor, die in diesem Paragraphen angestellt werden. Denn sie ist positivrechtlich normiert und ergibt sich nicht aus unbestimmten oder normativen, sondern deskriptiven Begriffen. Nur soweit unter den Konkurrenten Gleichrang besteht, ihre Ansprüche sich somit gegenseitig beschränken, ist Raum für Erwägungen, die einzelnen Bedürfnissen in stärkerem Umfang Rechnung tragen können.

B. Divergierende Bewertung einzelner Bedürfnisse — Einzelfälle

I. Das Verhältnis Betreuungs-/Barbedarf und die sogenannten „Hausmann"-Fälle

1. Der Rang des Betreuungsbedarfs

Pflege, Erziehung und die Gewährung sozialen Kontakts durch eine Bezugsperson haben für die Entwicklung eines Kindes zentrale Bedeutung[19]. Im Gegensatz zur Deckung des Barbedarfs unterliegt die Deckung jenes „immateriellen" Bedarfs einer starken personalen Bindung und ist daher nur in engen Grenzen substituierbar[20]. Diese Erwägungen sprechen dafür, der Betreuung des Kindes den Vorrang gegenüber der Deckung seines Barbedarfs einzuräumen. Das Gesetz ordnet indessen diesen Vorrang nicht ausdrücklich an; er ergibt sich jedoch aus verschiedenen Normen und deren Einordnung in den unterhaltsrechtlichen Kontext.

Kein Schluß läßt sich insoweit aus § 1606 Abs. 3 S. 2[21] ziehen. Diese Norm regelt lediglich die Konkurrenz zweier verpflichteter Elternteile,

---

[18] Vgl. hierzu im einzelnen oben § 6.

[19] Derleder / Derleder FamRZ 1977, 587 sprechen von der „Unersetzlichkeit familialer Kindesbetreuung"; Derleder / Derleder NJW 1978, 1129, 1132; Göppinger / Häberle Rz 1046 m. Nachw. sozialwissenschaftlichen Schrifttums; Limbach NJW 1982, 1721, 1723; vgl. auch BVerfGE 57, 361, 381 ff. = FamRZ 1981, 745, 749 f. BGH FamRZ 1980, 665, 667; Derleder JZ 1980, 576, 577.

[20] Limbach NJW 1982, 1721, 1723 ff.; Derleder / Derleder FamRZ 1977, 587.

[21] Zur Frage, ob § 1606 Abs. 3 eine „quantifikatorische Fiktion... hinsicht-

3. Kap.: Die Leistungsfähigkeit des Verpflichteten

nicht jedoch den Stellenwert der Betreuung im Rahmen der Bedarfsstruktur des berechtigten Kindes.

Demgegenüber ergibt sich aus den §§ 1570, 1577 Abs. 4 S. 2, 1579 Abs. 2, 1586 a Abs. 1 S. 1, 1615 l Abs. 2 S. 2, daß der Gesetzgeber die Bedeutung der Betreuungsleistung[22] für das Kind erkannt hat und ihr auch eine bevorzugte Stellung einräumen wollte[23]. Die genannten Normen weisen ein einheitliches Grundmuster auf: sie begründen entweder einen Unterhaltsanspruch[24] oder beseitigen entgegenstehende Einwendungen[25], wenn und soweit die Betreuung einer Erwerbstätigkeit entgegensteht. Da zwischen den Lebensstellungen der Beteiligten regelmäßig Abhängigkeiten bestehen werden[26], führt der Unterhaltsanspruch der betreuenden Person regelmäßig zu einer Reduzierung des Barbedarfs auf seiten des betreuten Kindes. In Mangelfällen[27] kommt sogar eine Kürzung auf unter dem notwendigen Unterhalt liegenden Beträge in Betracht[28]. Dies nimmt das Gesetz in Kauf, um eine Betreuung des Kindes durch eine geeignete Bezugsperson zu ermöglichen. Die hiermit verbundene Einschränkung des Barunterhalts läßt sich gegebenenfalls durch die Inspruchnahme anderer Verwandter oder staatlicher Fürsorgeleistungen in Grenzen halten.

Insgesamt erscheint es gerechtfertigt, von dem Grundsatz des Gleichrangs einzelner Bedürfnisse im Rahmen des Gesamtbedarfs abzuweichen, und der Deckung des „Betreuungsbedarfs" eine Vorrangposition einzuräumen[29].

---

lich der qualitativ andersartigen, für die Sozialisation des Kindes entscheidenden persönlichen Leistungen" — AK-BGB Derleder § 1606 Rz 7 — enthält, vgl. Soergel / Herm. Lange § 1606 Rz 7 m. w. N.; AK-BGB-Derleder § 1606 Rz 7; Derleder / Derleder NJW 1978, 1129, 1131 f.: „... (es) erscheint ... als besonders fragwürdig, wenn Gerichte für persönliche Betreuungsleistungen von Eltern Werte ansetzen, für die man etwa an einem Auto kaum ein paar Handreichungen erwarten ... kann."

[22] Zur Ableitung des Begriffs „Pflege oder Erziehung" in den genannten Normen aus § 1606 Abs. 3 S. 2 vgl. Roth-Stielow NJW 1982, 425.

[23] Vgl. in diesem Zusammenhang auch Bosch FamRZ 1982, 1216.

[24] §§ 1570, 1586 a Abs. 1 S. 1, 1615 l Abs. 2 S. 2.

[25] §§ 1577 Abs. 4 S. 2, 1579 Abs. 2.

[26] Vgl. oben § 2 C.; die §§ 1570, 1577 Abs. 4 S. 2, 1579 Abs. 2 und 1586 a Abs. 1 S. 1 setzen voraus, daß ein gemeinschaftliches Kind betreut wird. Anderes gilt im Fall des § 1615 l Abs. 2 S. 2, wo die Mutter eine jedenfalls vom Vater unabhängige Lebensstellung bekleidet. Deren Unterhaltsanspruch beschränkt jedoch die Lebensstellung des Vaters und damit u. U. gem. § 1615 c auch die des Kindes — vgl. oben § 2 B. III. 1.

[27] Wenn also die Leistungsfähigkeit etwa des Vaters nicht ausreicht, den Barbedarf sowohl der Mutter als auch des Kindes zu decken.

[28] Das gilt nur in den Fällen des § 1570, da nur dort Gleichrang zwischen den konkurrierenden Berechtigten besteht; im Fall des § 1615 l geht die Mutter im Rang ihrem Kinde nach, vgl. oben § 6 A. IV.

[29] Ebenso Soergel / Herm. Lange § 1609 Rz 3; OLG Stuttgart FamRZ 1979, 724, 725 m. Anm. Mutschler; OLG Bremen NJW 1958, 639.

2. Die sogenannte „Hausmann"-Problematik

Vorweg sei klargestellt, daß die Überschrift einer Übertragung der herauszuarbeitenden Grundsätze auf „Hausfrauen" nicht entgegensteht, sondern diese im Gegenteil geboten ist. Gemeint sind diejenigen Konstellationen, in denen ein Ehepartner sich gegenüber Unterhaltsansprüchen seiner Ehefrau oder Kinder aus erster Ehe auf den Einwand eingeschränkter Leistungsfähigkeit mit der Begründung beruft, er sei infolge der Haushaltsführung oder auch der Betreuung von Kindern aus zweiter Ehe zur Leistung von Barunterhalt nicht in der Lage.

Vorweg sei kurz eine Konstellation angesprochen, die sowohl für den Fall der Haushaltsführung als auch der Kinderbetreuung in der neuen Partnerschaft einheitlich behandelt werden kann. Wird eine entsprechende Vereinbarung getroffen, weil der andere Partner in seinem Beruf ein höheres Einkommen erwirtschaften kann[30], so bedarf es zunächst nicht der Annahme einer Erwerbsobliegenheit, um den Berechtigten zu einem Unterhaltsanspruch zu verhelfen. Es wäre widersinnig, könnte sich der Verpflichtete zur Haushaltsführung verpflichten, um in der neuen Partnerschaft einen höheren Lebensstandard zu erlangen, und sich gleichzeitig gegenüber den Berechtigten auf eine damit einhergehende Leistungsunfähigkeit berufen. Will man diesen Einwand nicht von vornherein im Rahmen der normativen Prüfung der Leistungsfähigkeit[31] unbeachtet lassen, so steht ihm doch wenigstens das Verbot des venire contra factum proprium entgegen: Der Verpflichtete muß dann so behandelt werden, als ob er die ihm zu Gebote stehenden Einnahmequellen so ausschöpfen würde, wie er es ohne die Vereinbarung mit seinem neuen Partner getan hätte. Erst wenn die hieraus zu erwartenden Einnahmen nicht ausreichen, wäre an eine zusätzliche Erwerbsobliegenheit zu denken, die in der Regel wohl nur unter den Voraussetzungen des § 1603 Abs. 2 S. 1 angenommen werden könnte.

a) Haushaltsführung in der neuen Ehe

Betrachtet man zunächst die Fälle, in denen in der neuen Partnerschaft keine Kinder zu versorgen sind, so kommt man zu folgendem Ergebnis: Zwar werden durch die Haushaltsführung im Rahmen der neuen Verbindung unzweifelhaft Unterhaltsleistungen erbracht[32], da diese Form der Bedarfsdeckung jedoch gegenüber dem Barunterhalt keinen Vorrang genießt, kann diese Tatsache selbst im Falle des Gleichrangs zwischen dem neuen Ehepartner und dem Berechtigten aus erster

---

[30] Diese Situation wird ausdrücklich — wenngleich nur in einem obiter dictum — angesprochen in BGH FamRZ 1980, 43, 44; 1981, 341, 342.
[31] Vgl. hierzu oben A. II.
[32] § 1360 S. 2.

Ehe[33] die Erwerbsobliegenheit und damit die Leistungsfähigkeit hinsichtlich der Ansprüche des Letzteren nicht beeinträchtigen[34]. Außerdem schließt die Versorgung eines Zwei-Personen-Haushalts[35] eine zumindest teilweise Erwerbstätigkeit nicht aus[36]. Eine Vereinbarung gemäß § 1356 Abs. 1 S. 1 — regelmäßig verbunden mit einer Absprache über die Erwerbstätigkeit, die jedoch die „Belange des anderen Ehegatten" berücksichtigen muß[37] — hat lediglich relative Bedeutung[38] für die neue Ehe und vermag von der aus der ersten Ehe resultierenden „wirtschaftlichen Hypothek" nicht zu entlasten[39].

b) Haushaltsführung und Betreuung von Kindern aus zweiter Ehe

Sind in der neuen Partnerschaft jedoch gemeinsame Kinder zu versorgen, so stellt sich die Situation anders dar. Zwar ist es grundsätzlich richtig, wenn ausgeführt wird, der Gleichrang zwischen Kindern aus erster und zweiter Ehe gebiete es, das Leistungsvermögen des Verpflichteten zugunsten aller anteilig auszuschöpfen[40]. Von diesem Grundsatz ausgehend muß jedoch der Vorrang des Betreuungsbedarfs gegenüber dem Barbedarf berücksichtigt werden[41]. Soweit die Betreuung des Kindes aus zweiter Ehe eine Erwerbstätigkeit ausschließt, ist mit der Deckung des vorrangigen Betreuungsbedarfs die Leistungsfähigkeit des

---

[33] Vgl. § 1582 Abs. 1 S. 1, 2. Halbs.

[34] Vgl. v. a. die in BGHZ 75, 272, 276 = FamRZ 1980, 43, 44 zit. Nachw. sowie OLG Bremen FamRZ 1979, 623; KG DAVorm 1979, 666; OLG Hamm FamRZ 1980, 73; OLG Zweibrücken DAVorm 1981, 852; steht dem neuen Partner kein gesetzlicher Unterhaltsanspruch zu, v. a. weil es sich um eine nichteheliche Lebensgemeinschaft handelt, muß das Gesagte natürlich erst recht gelten; vgl. OLG Köln FamRZ 1981, 488 — vgl. in diesem Zusammenhang zu dem Rechtsgedanken des § 850 h Abs. 2 S. 1 ZPO BGH FamRZ 1980, 665; OLG München FamRZ 1979, 34; Puls DAVorm 1975, 561, 579.

[35] Die Betreuung von nicht gemeinsamen Kindern des neuen Partners ändert an dieser Beurteilung nichts, da diesen insoweit kein Unterhaltsanspruch zusteht. Vgl. auch § 1360 a Abs. 1 und Soergel / Herm. Lange § 1360 a Rz 10. Eine vertragliche Übernahme von Unterhaltspflichten begründet lediglich eine sonstige Verbindlichkeit; vgl. § 1 A. III. 4.

[36] OLG Bremen FamRZ 1979, 623, 624; LG Krefeld NJW 1977, 1349; OLG Köln FamRZ 1979, 328; Soergel / Herm. Lange § 1603 Rz 8.

[37] Vgl. § 1356 Abs. 2 S. 2; OLG Köln FamRZ 1979, 328, 329; i. Erg. KG DAVorm 1979, 666, 669.

[38] BGHZ 75, 272, 275 = FamRZ 1980, 43, 44; FamRZ 1981, 341, 434; 1982, 25, 26; 1982, 590, 592. Das OLG Stuttgart spricht in der Berufungsentscheidung zu BGH FamRZ 1981, 341 — abgedr. a.a.O. S. 342 — von einem Vertrag zu Lasten Dritter. Krit. zur Lösung des BGH Bosch FamRZ 1980, 1, 8 Fn. 87.

[39] BT-Drs. 7/650, S. 143; OLG Hamm FamRZ 1980, 73; OLG Köln FamRZ 1979, 328, 329; OLG Frankfurt FamRZ 1979, 622, 623; krit. hierzu Bosch FamRZ 1980, 1, 8.

[40] So vor allem BGH FamRZ 1980, 43, 44; 1981, 341, 343; 1982, 25, 26; und erneut ausdrücklich 1982, 590, 591; zust. OLG Düsseldorf DAVorm 1981, 854, 855; Göppinger / Wenz Rz 1187.

[41] Vgl. B. I. 1. mit Fn. 29.

betreuenden Elternteils erschöpft[42]. Zur Beurteilung dieser Frage können die im Rahmen des § 1570 entwickelten Grundsätze herangezogen werden[43]. Soweit danach eine Erwerbstätigkeit nicht zuzumuten ist, kann sich jedoch aufgrund des § 1603 Abs. 2 S. 1 eine erweiterte Erwerbsobliegenheit ergeben[44], dies jedoch nur, wenn nicht die Voraussetzungen des § 1603 Abs. 2 S. 2 vorliegen. „Anderer unterhaltspflichtiger Verwandter" ist insoweit auch der andere Elternteil[45].

II. Das Verhältnis Elementar-/Vorsorgebedarf

Der Unterhaltsanspruch ist auf Deckung des gesamten Lebensbedarfs gerichtet, der bei geschiedenen[46] und unter Umständen auch bei getrenntlebenden[47] Ehegatten seit der Geltung des 1. EheRG auch den Vorsorgebedarf umfaßt. Allgemein wird die Auffassung vertreten, daß im Fall der beschränkten Leistungsfähigkeit die Deckung des Elementarbedarfs den Vorrang genießt[48]. Die Begründung dieses Vorrangs und die Vorstellungen über seine Ausgestaltung im einzelnen differieren allerdings. Die wohl überwiegende Auffassung beruft sich auf die Wertung des § 1587 d Abs. 1 S. 1[49] und will diese im Rahmen der Billigkeitsentscheidung des § 1581 S. 1 berücksichtigen[50]. Der Vorrang läßt sich

---

[42] OLG Hamm FamRZ 1980, 819; OLG Stuttgart FamRZ 1980, 393; 1978, 724 m. Anm. Mutschler; KG FamRZ 1978, 726; LG Mönchengladbach NJW 1961, 878 m. insoweit zust. Anm. Gotthardt; OLG Bremen NJW 1958, 639; vgl. auch OLG Hamburg FamRZ 1983, 418, 419; a. A. BGH FamRZ 1982, 590; 1982, 25; 1981, 341; 1980, 43; OLG Düsseldorf DAVorm 1981, 854; Puls, 2. DFGT, S. 114, 150 f.

[43] Vgl. etwa Soergel/Häberle § 1570 Rz 10 ff.; Göppinger/Häberle Rz 1051; Derleder/Derleder FamRZ 1977, 587 ff.; Limbach NJW 1982, 1721, 1722; BGH FamRZ 1982, 148, 149 f.

[44] OLG Oldenburg FamRZ 1980, 1148; OLG Hamm FamRZ 1980, 820; Beitzke FamR § 24 I 3., S. 196; sind mehrere Kinder zu betreuen, so dürfte auch diese Erwerbsobliegenheit entfallen.

[45] Str.; wie hier die wohl h. M., vgl. Göppinger/Wenz Rz 1236 m. w. N.; Soergel/Herm. Lange § 1603 Rz 15; BGH FamRZ 1980, 555, 556; OLG Hamburg FamRZ 1983, 418, 419; a. A. noch Brühl/Göppinger/Mutschler, 3. Aufl., Rz 700; Gotthardt NJW 1961, 878; KG FamRZ 1978, 726.

[46] § 1578 Abs. 3.

[47] § 1361 Abs. 1 S. 2; Voraussetzung ist, daß ein Scheidungsverfahren rechtshängig ist.

[48] a. A.: Anteilige Kürzung, Udsching, S. 75 f.

[49] Soergel/Häberle § 1578 Rz 36; Göppinger/Wenz Rz 876; MünchKomm-Richter § 1578 Rz 14 sowie Ergänzung hierzu, Anm. d; Gernhuber FamR § 30 X 2., S. 415; vgl. auch Schwab, Handbuch, Rz 632 u. 333; Rolland § 1361 Rz 25; OLG Düsseldorf FamRZ 1981, 671, 673; OLG Bamberg FamRZ 1982, 389; a. A. Hampel FamRZ 1979, 249, 253; ohne Begr. BGH FamRZ 1981, 442, 445; Kalthoener/Haase-Becher/Büttner Rz 187.

[50] Soergel/Häberle § 1578 Rz 36; Göppinger/Wenz Rz 876; Schwab, Handbuch, Rz 632; Hampel FamRZ 1979, 249, 253.

auch ohne den — nicht unproblematischen[51] — Rückgriff auf § 1587 d begründen. Es wäre widersinnig, eine Beschränkung des laufenden Unterhalts durch den zweckgebundenen[52] Vorsorgeunterhalt zuzulassen, die den Berechtigten etwa auf Sozialleistungen verweisen könnte, da doch keineswegs feststeht, daß diesen Vorsorgeleistungen dereinst eine Versorgung gegenüberstehen wird[53]. Die Lücke in der „sozialen Biographie" des Berechtigten[54] kann nicht dadurch geschlossen werden, daß bei der Deckung des Elementarbedarfs eine andere Lücke geöffnet wird[55].

Das Ausmaß des Vorrangs zu bestimmen, bereitet die wenigsten Schwierigkeiten, wenn man sich an der Wertung des § 1587 d Abs. 1 S. 1 orientiert. Dies erscheint auch gerechtfertigt, da der Vorsorgeunterhalt eine Lücke in der „sozialen Biographie" für die Zeit nach der Scheidung verhindern soll und damit gegenüber den von § 1587 d Abs. 1 S. 1 unmittelbar angesprochenen Leistungen, die auf einen Ausgleich von während der Ehe erbrachten Leistungen abzielen, nur auf nacheheliche Solidarität gestützt werden kann[56]. Damit genießt sowohl der angemessene Selbstbehalt[57] des Verpflichteten als auch der volle oder angemessene Elementarunterhalt des geschiedenen Ehegatten und der mit diesem gleichrangig Berechtigten gegenüber dem Vorsorgeunterhalt Vorrang.

III. Das Verhältnis Elementarbedarf/Ausbildungskosten

Zu erörtern ist des weiteren die Stellung der Ausbildungskosten i. S. d. § 1610 Abs. 2[58] in der Bedarfsstruktur des Kindes.

Insoweit ist zunächst eine Besonderheit dieses Teils des Lebensbedarfs festzustellen: Dieser Teil des Anspruchs orientiert sich nicht in demselben Umfang an der Lebensstellung des Kindes, wie dies für den Elementarbedarf gilt. Der Begriff der Angemessenheit hat hier eine andere Funktion. Das Gesetz spricht von den „Kosten einer angemessenen Vorbildung" — nicht von angemessenen Kosten[59] — und zieht damit die

---

[51] Bedenken äußert insoweit Hampel FamRZ 1979, 249, 253.
[52] h. M., BGH FamRZ 1981, 442, 445 m. w. N.
[53] Der Kritik von Udsching, S. 68 Fn. 72 an Palandt/Diederichsen, vor § 1578 Anm. 8 und damit an der h. M. kann nicht gefolgt werden. Der Hinweis auf die Sozialhilfe, die ja den Elementarbedarf decken könne, läßt auf eine Verkennung des subsidiären Charakters dieser Sozialleistung schließen.
[54] BT-Drs. 7/650, S. 136.
[55] Zur Bedeutung des Vorrangs des Elementarbedarfs bei der Berechnung von Elementar- und Vorsorgebedarf vgl. bereits oben § 3 B. II. 2. b).
[56] OLG Bamberg FamRZ 1982, 389; i. Erg. ebenso Soergel/Häberle § 1578 Rz 36; Schwab, Handbuch Rz 333; Palandt/Diederichsen § 1578 Anm. 3.
[57] Vgl. bereits oben § 5 A. I. 4.
[58] Vgl. auch § 1578 Abs. 2.
[59] Moritz JZ 1980, 16, 18.

unterhaltsrechtliche Konsequenz aus einer richtig verstandenen Ausübung des Personensorgerechts. „Insbesondere... Eignung und Neigung..."[60] des Kindes entscheiden über die Angemessenheit einer Ausbildung und damit über die Höhe der Ausbildungskosten[61]. Damit sind zwar die familiären Lebensverhältnisse[62] nicht völlig irrelevant[63]; die für den Elementarbedarf geltende alleinige Ausrichtung an dieser Bezugsgröße verliert jedoch für die Ausbildungskosten zugunsten einer in erster Linie an Eignung und Neigung des Kindes orientierten Wahl zumindest für den Regelfall[64] erheblich an Bedeutung.

Brühl[65] will dagegen die Leistungsfähigkeit der Eltern bereits bei der Frage berücksichtigen, welche Ausbildung „angemessen" i. S. d. § 1610 Abs. 2 ist. Diese Auffassung ist systematisch nicht korrekt: § 1610 Abs. 2 definiert den Lebensbedarf, der allenfalls von der Lebensstellung, nicht jedoch von der Leistungsfähigkeit des Verpflichteten geprägt wird. Ob dem Begriff der Lebensstellung eine Zumutbarkeitsprüfung integriert werden kann, wie Brühl dies vorschlägt, scheint mir fraglich zu sein. Denn dieser Begriff ist in erster Linie an tatsächlichen Vorgaben orientiert und zumindest nicht in demselben Maße wie der der Leistungsfähigkeit einer wertenden Betrachtungsweise zugänglich.

Die Ausbildungskosten sind damit grundsätzlich fixer, nicht von der Lebensstellung abhängiger und lediglich unter dem Vorbehalt der Leistungsfähigkeit[66] stehender Bestandteil der Bedarfsstruktur, was dazu führt, daß sie wohl das Maß der Deckung des Elementarbedarfs[67] beeinflussen, eine Abhängigkeit in umgekehrter Richtung jedoch nicht gegeben ist[68]. Gerade die Tatsache, daß Interdependenzen insoweit erst im

---

[60] § 1631 a Abs. 1 S. 1; Soergel / Herm. Lange § 1610 Rz 14; Schwab FamRZ 1971, 1, 2 weist auf die enge Verzahnung von Personensorge unter Unterhaltsrecht hin. Den Vorrang des Sorgerechts — soweit die sorgerechtliche Entscheidung sachlich begründet ist — betont BGH FamRZ 1983, 48 f.

[61] Gernhuber FamR § 41 I 3., S. 626. Das Gesetz kennt den Begriff „Ausbildungsunterhalt" nicht. Es nennt lediglich den Lebensbedarf, zu dem gegebenenfalls die „Kosten der Vorbildung zu einem Beruf" hinzuzurechnen sind. Ähnlich § 1578 Abs. 2, der auf das Korrektiv „Eignung und Neigung" verzichtet und stattdessen eine Orientierung an einer vor der Eheschließung in Aussicht genommenen oder abgebrochenen Ausbildung vorsieht.

[62] Zum Begriff vgl. oben § 2 B. III. 2.

[63] Ebenso Soergel / Herm. Lange § 1631 a Rz 7; Erman / Ronke § 161 a Rz 5; MünchKomm-Hinz, Ergänzung zu § 1631 a Rz 10; Palandt / Diederichsen § 1631 a Anm. 2 a.

[64] Insoweit ist auch zu beachten, daß das BAföG eine von den finanziellen Möglichkeiten der Eltern unabhängige Wahl der Ausbildung gewährleisten will und kann; vgl. § 1 BAföG.

[65] FamRZ 1982, 985, 986.

[66] Blanke FamRZ 1969, 394, 398.

[67] Sc.: der über eine einheitliche, familiäre Lebensstellung verbundenen Beteiligten; vgl. oben § 2 C.

[68] Zur Situation beim Elementarbedarf vgl. oben § 2 C.

Rahmen eingeschränkter Leistungsfähigkeit zum Tragen kommen, erfordert eine Auseinandersetzung mit der Einordnung der Ausbildungskosten.

1. Vorrang des Elementarbedarfs

Dieser Vorrang ist von der wohl überwiegenden Meinung anerkannt[69]. Den insoweit bereits beispielhaft vorgetragenen Konstellationen[70] ist wenig hinzuzufügen. Ergänzend sei zur Begründung angeführt, daß die Deckung des Elementarbedarfs, der ja erst die Voraussetzungen der physischen Existenz — und damit auch für jede Ausbildung — schaffen soll, der Deckung von Ausbildungskosten logisch vorgehen muß. Dieser Vorrang muß erst recht für den Elementarbedarf des Verpflichteten und konkurrierender Berechtigter gelten[71]. Er ergibt sich letztlich aus der „Natur der Sache".

Auch läßt sich eine gewisse Parallele zum Vorsorgeunterhalt ziehen: Während dieser darauf abzielt, finanzielle Unabhängigkeit von geschiedenen Ehegatten im Versorgungsfall zu erlangen, soll die Ausbildung dem Kind durch die Ermöglichung einer optimalen Berufswahl eine gesicherte Zukunft garantieren[72]. Beide Regelungen zielen auf zukünftige Sicherheit; die gesetzliche Annahme eines gegenwärtigen Bedarfs[73] beruht darauf, daß allein eine rechtzeitige Vorsorge diese Sicherheit gewähren kann[74].

Dieser Vorrang muß auch für die §§ 1575, 1578 Abs. 2 gelten, wenngleich einzuräumen ist, daß diese Aussage angesichts der Zielsetzung des § 1575 auf den ersten Blick befremden kann. Letztlich bedeutet jedoch der Nachrang der Ausbildungskosten keinen Verzicht auf die Ausbildung an sich; es besteht in erheblichem Umfang die Möglichkeit, auf Sozialleistungen[75] zurückzugreifen, deren generelle Subsidiarität[76] aller-

---

[69] Schwab FamRZ 1971, 1, 5; Göppinger / Wenz Rz 1145 Fn. 3; Jung FamRZ 1974, 513, 515; Puls DAVorm 1975, 561, 588 f.; vgl. auch Soergel / Herm. Lange § 1610 Rz 14; MünchKomm-Köhler § 1610 Rz 21.

[70] Schwab FamRZ 1971, 1, 5; Jung FamRZ 1974, 513, 515.

[71] Vgl. auch § 25 BAföG, der durch die Einräumung von entsprechenden Freibeträgen diesem Gedanken Rechnung trägt.

[72] Vgl. auch die Intention des § 1575.

[73] Göppinger / Wenz Rz 968 ist dagegen der Auffassung, daß die Gewährung von Vorsorgeunterhalt der Deckung zukünftigen Bedarfs diene. Das kann nicht richtig sein. Den zukünftigen Bedarf sollen vielmehr die mit Hilfe des Vorsorgeunterhalts erworbenen Rentenansprüche sichern.

[74] Vgl. i. ü. auch Mot. IV, S. 696; im gemeinen Recht war streitig, ob die Ausbildungskosten zum Unterhaltsanspruch gehören; dies sollte durch § 1610 Abs. 2 klargestellt werden.

[75] In Betracht kommen Leistungen nach dem BAföG — vgl. insoweit § 10 Abs. 3 Nr. 3, 4 BAföG — dem AFG (§ 33 ff. AFG) und dem BSHG (§ 30 BSHG; die §§ 31—35 BSHG — Ausbildungsbeihilfe — wurden durch das 2. Haus-

dings ein entsprechendes Bedürfnis voraussetzt. Eine Erstreckung oder gar Verlagerung des Mangels auf den Elementarbedarf ist — soweit sie sich vermeiden läßt — mit dieser Subsidiarität nicht vereinbar[77].

2. Ausmaß des Rangunterschiedes

Mit der Begründung, daß durch die Ersetzung der ursprünglichen Orientierung des Unterhaltsanspruchs an der gesellschaftlichen Position durch die Ausrichtung an Eignung und Neigung eine entsprechende Begrenzung der Ausbildungskosten entfalle sei, tritt Blanke für einen Vorrang angemessenen Unterhalts ein[78]. Den entgegengesetzten Standpunkt vertritt Wenz[79], der lediglich dem notwendigen Unterhalt den Vorrang einräumen will, wenn die Voraussetzungen des § 1603 Abs. 2 im übrigen vorliegen. Im übrigen müsse hier die staatliche Ausbildungsförderung eingreifen. Schwab[80] will dagegen den Anspruch von einer Zumutbarkeitsprüfung abhängig machen[81]. Im Ergebnis dürfte seine Auffassung mit der Wenz'schen nahezu übereinstimmen. Schwab will eine Reduzierung des Lebensstandards unter das für nichtakademische ausgebildete Dienst- und Arbeitnehmer anzusetzende Niveau nicht hinnehmen[82]. Betrachtet man die durchschnittlichen Nettoeinkommen[83], so zeigt sich, daß diese Beträge den Mindestbedarfssätzen, somit dem notwendigen Unterhalt ungefähr entsprechen. So ergibt sich für eine vierköpfige Familie[84] ein notwendiger Unterhalt von 2053,— DM[85], denen durchschnittliche Nettobezüge zwischen 1880,— und 2240,— DM gegenüberstehen[86].

Für diese Auffassung spricht im übrigen, daß sie der Systematik des Gesetzes entspricht. Gegenüber minderjährigen unverheirateten Kin-

---

haltsstrukturgesetz vom 22. 12. 1981 — BGBl. I S. 1523 — aufgrund einer Beschlußempfehlung des Vermittlungsausschusses aufgehoben — BT-Drs. 9/1140, S. 4 —; zur Überschneidung der Regelungsbereiche für § 30 einerseits und § 31—35 BSHG andererseits vgl. Knopp / Fichtner § 30 BSHG Rz 1).

[76] Die Ausprägung des Subsidiaritätsprinzips differiert im einzelnen. Am schwächsten ist der Grundsatz im Rahmen des AFG durchgeführt, vgl. §§ 36, 37 Abs. 1 AFG. Zum BAföG vgl. Paulus FamRZ 1981, 640, 644.

[77] Vgl. v. a. § 30 Abs. 2 BSHG.

[78] Blanke FamRZ 1969, 394, 398; zust. Soergel / Herm. Lange, 10. Aufl. 1971, § 1603 Rz 14 a. E.

[79] Göppinger / Wenz Rz 1145 Fn. 3.

[80] Schwab FamRZ 1971, 1, 5 f.; a. A. Schwemer S. 138.

[81] Hierzu bereits oben § 7 A. II.

[82] FamRZ 1971, 1, 6.

[83] Vgl. Einl. z. 3. Kap. Fn. 2.

[84] Mit zwei Kindern im Alter von 10 und 15 Jahren.

[85] Düsseldorfer Tabelle, FamRZ 1981, 1207.

[86] Die Angaben beziehen sich auf Ende April 1982, vgl. Süddeutsche Zeitung v. 3. 8. 1982.

dern sind Eltern gehalten, sich bis zur Grenze des notwendigen Unterhalts einzuschränken[87]. Ein abweichendes Ergebnis im Einzelfall läßt sich systemkonform damit begründen, daß weitere, von den Regelsätzen der Unterhaltstabellen nicht erfaßte Bedürfnisse eine Abhebung des notwendigen Unterhalts des Verpflichteten oder konkurrierender Berechtigter erfordern.

C. Praktische Behandlung von Rangunterschieden

Ist einer der Fälle gegeben, die eine differenzierende Bewertung einzelner Bedürfnisse erfordern, so fragt sich, wie den Rangunterschieden Rechnung getragen werden kann.

I. Qualitativ gleichartige Bedürfnisse — Vorsorgebedarf, Ausbildungskosten

Ist die Konkurrenz von Vorsorgebedarf oder Ausbildungskosten im Verhältnis zum Elementarbedarf zu lösen, so besteht der Rangunterschied zwischen Bedürfnissen, die durch Barmittel zu decken sind. Problematisch ist dabei allein der Fall, in dem ein Vorrang des angemessenen Elementarbedarfs besteht, somit die Konkurrenz zwischen Elementar- und Vorsorgebedarf. Solange, wie bei den Ausbildungskosten, allein der notwendige Elementarbedarf Vorrang genießt, kann dem ohne weiteres Rechnung getragen werden, da der notwendige Bedarf nicht in Abhängigkeit von der Lebensstellung variabel, sondern als fester Betrag der Anspruchsberechnung zugrunde gelegt werden kann[88]. Anderes gilt — wie bereits erwähnt — für den angemessenen Bedarf[89]. Hier erfordert es der Rangunterschied zwischen den Bedürfnissen in derselben Weise wie bei den Rangdifferenzen zwischen mehreren Berechtigten[90], die Schwankungsbreite des Begriffs der Angemessenheit nach oben zu begrenzen, da sonst die Gefahr besteht, daß nachrangige Bedürfnisse tatsächlich nicht befriedigt werden können. Bereits oben wurde deshalb vorgeschlagen, den Index für die Lebensstellung auf 1,3 ... zu begrenzen[91].

II. Qualitativ unterschiedliche Bedürfnisse — Betreuungsbedarf

In diesem Zusammenhang geht es nicht unmittelbar um eine Frage der Unterhaltsberechnung; dem steht der qualitative Unterschied der

---

[87] Im Fall des § 1578 Abs. 2 wäre gegebenenfalls der billige Selbstbehalt des § 1581 S. 1 zu berücksichtigen.
[88] § 2 A.
[89] § 2 A.
[90] § 6 C.
[91] § 6 C.

konkurrierenden Bedürfnisse entgegen. Letzten Endes läuft die Problematik auf die nur mit Hilfe einer normativen Betrachtungsweise zu beantwortende Frage hinaus, inwieweit die Betreuungstätigkeit die Leistungsfähigkeit[92] einerseits oder die Bedürftigkeit[93] andererseits des betreuenden Elternteils begründet.

Zusammenfassung zum dritten Kapitel

Während im Rahmen der Bedarfsermittlung die in unterschiedlichem Maße bestehenden Interdependenzen die Bedarfssätze der einzelnen Berechtigten nur in Grenzen beeinflussen[1], steuert das Strukturelement Leistungsfähigkeit die eigentliche Konkurrenzsituation zwischen zusammengenommen nicht erfüllbaren Ansprüchen.

Der Verpflichtete und die Deckung seines Bedarfs — auch er konkurriert wirtschaftlich betrachtet mit den Ansprüchen der Berechtigten — genießt einen — allerdings unterschiedlich ausgeprägten — Vorrang[2]. Das Verhältnis der Konkurrenten untereinander ist durch den Begriff der Berücksichtigung gekennzeichnet[3], der durch die Regelungen des Ranges der Berechtigten[4] — allerdings nicht abschließend — konkretisiert wird. Besteht zwischen Unterhaltsgläubigern gleicher Rang oder besteht eine Konkurrenzlage zwischen Unterhaltsgläubigern und sonstigen Gläubigern, so erfordert der Begriff der Berücksichtigung eine umfassende Abwägung der Interessen aller Beteiligter unter Beachtung der dem Gesetz zugrundeliegenden Wertungen[5]. Letzteres erlaubt es, in evident begründeten Fällen von dem dem Gesetz zugrundeliegenden Grundsatz gleichen Rangs aller vom Lebensbedarf erfaßten Bedürfnisse[6] abzuweichen[7]. Auch ansonsten bedeutet gleicher Rang nicht ohne weiteres anteilige Deckung des Bedarfs. Fehlende Rangunterschiede schließen nicht aus, daß personengebundene Vorteile ein unterschiedliches Maß der Bedarfsdeckung herbeiführen[8].

---

[92] Vgl. hierzu oben B. I. 2. b).
[93] §§ 1570, 1579 Abs. 2, 1615 l Abs. 2 S. 2.
[1] Vgl. oben § 2 C.
[2] Vgl. hierzu oben § 5 A.
[3] §§ 1603 Abs. 1, 1581 S. 1; § 59 Abs. 1 S. 1 EheG.
[4] Vgl. hierzu i. e. oben § 6.
[5] Vgl. bereits oben § 1 B.
[6] Vgl. oben § 7 A. I.
[7] Vgl. oben § 7 B.
[8] Vgl. oben § 5 C.

Schlußbetrachtung: Abstimmung der konkurrenzrelevanten Strukturelemente des Unterhaltsanspruchs aufeinander

Am Ende sei kurz auf die Frage eingegangen, ob die gesetzliche Konkurrenzregelung die zu bewältigenden Probleme adäquat zu lösen vermag. Maßstab für die Beantwortung dieser Frage kann nur die Zielsetzung des Gesetzes selber sein, die sich unter anderem der Rangordnung der Berechtigten entnehmen läßt und auf einen besonderen Schutz der Klein- und Kernfamilie zielt[1].

Betrachtet man die Rangordnung der Berechtigten isoliert, so ergeben sich keine grundsätzlichen Bedenken. Problematische Konstellationen können sich jedoch im Hinblick auf das Ineinandergreifen der beiden konkurrenzrelevanten Strukturelemente ergeben. Ist die Leistungsfähigkeit des Verpflichteten beschränkt, so bedeutet dies grundsätzlich, daß die Ansprüche gleichrangiger Berechtigter anteilig zu kürzen sind[2]. Die Basis dieser Kürzung bilden die jeweiligen Einsatzbeträge, die ihrerseits dem Bedarf der konkurrierenden Berechtigten entsprechen[3]. Die im Rahmen der Bedarfsermittlung zu berücksichtigenden Interdependenzen führen nun dazu, daß die Bedarfssätze derjenigen Berechtigten, die an der Lebensstellung des Verpflichteten und deren Entwicklung partizipieren — das sind in erster Linie die minderjährigen unverheirateten Kinder des Verpflichteten —, stärker beschränkt werden, als die der mit ihnen konkurrierenden Berechtigten, die eine originäre Lebensstellung erlangt haben[4].

Diese Konstellation — fixer Anspruch, der von den konkurrierenden Unterhaltsansprüchen nicht beeinflußt wird, seinerseits aber jene beschränkt — taucht im Unterhaltsrecht an mehreren Stellen auf. Teilweise kann sie adäquat bewältigt werden:

— Sonstige Verbindlichkeiten sind im Rahmen der umfassenden Abwägung[5] angemessen zu behandeln.

---

[1] Zu dieser Rangordnung rechne ich auch den Vorrang des Verpflichteten, der sich aus dem ihm zustehenden Selbstbehalt ergibt und dessen unterschiedliche Ausprägung ebenfalls auf diesen Gesetzeszweck hindeutet.
[2] § 6 B.
[3] Genau genommen ist auf die Bedürftigkeit abzustellen — vgl. oben § 6 B. I. 2. —, die allerdings in der Regel dem Gesamtbedarf entspricht.
[4] Vgl. oben § 2 C.
[5] § 1 B.

— Ausbildungskosten können den Elementarbedarf vermöge ihres Nachrangs[6] jedenfalls im Regelungsbereich der Leistungsfähigkeit[7] nicht beeinträchtigen.

— Fälle, in denen ein minderjähriges, unverheiratetes Kind eine selbständige Lebensstellung erlangt[8] und anschließend mit berechtigten Geschwistern konkurriert, dürften praktisch nicht vorkommen.

Problematisch bleibt damit allein die Konstellation, in der ein geschiedener Ehegatte mit gleichrangigen Kindern konkurriert. Sinkt die Lebensstellung des Verpflichteten und damit die der Kinder, so bewirkt die Festschreibung der ehelichen Lebensverhältnisse im Zeitpunkt der Scheidung eine überproportionale Schlechterstellung der Kinder. Im Rahmen der Leistungsfähigkeit treffen die so verminderten Ansprüche der Kinder und der bevorzugte des Ehegatten aufeinander.

Beispiel: der Verpflichtete, ein selbständiger Handwerker, verfügt im Zeitpunkt der Scheidung über ein Einkommen, das eine Lebensführung erlaubt, die einem Index für die Lebensstellung von 1,4 entspricht. Der Unterhaltsanspruch seiner geschiedenen Frau beläuft sich damit auf 1150,— DM (= 825,— DM multipliziert mit 1,4), der seines Kindes (12 Jahre) auf 351,40 DM. Die Firma des Verpflichteten gerät nach drei Jahren in den wirtschaftlichen Abschwung, so daß sich sein Nettoeinkommen auf 1800,— DM reduziert. Nach Abzug seines — notwendigen — Selbstbehaltes in Höhe von 900,— DM verbleiben zur Deckung der Unterhaltsansprüche seiner geschiedenen Frau und seiner Kinder ebenfalls 900,— DM. Da die ehelichen Lebensverhältnisse zum Zeitpunkt der Scheidung auf den Index für die Lebensstellung in Höhe von 1,4 festgeschrieben sind, bleibt der Einsatzbetrag der Frau 1150,— DM; der des Kindes reduziert sich trotz höherer Altersstufe auf 297,— DM, was einem Index von 1,0 entspricht. Die Unterhaltsansprüche belaufen sich letztlich auf: Frau 715,27 DM
Kind 184,72 DM
Hätte die geschiedene Frau an den „nachfamiliären" Lebensverhältnissen Anteil, so würden sich folgende Beträge ergeben:
Frau 661,76 DM
Kind 238,23 DM.

Die Bevorzugung des geschiedenen Ehegatten auf Kosten der gemeinsamen Kinder ist nicht gerechtfertigt und erscheint vor dem Hintergrund der angeführten Kritik an den Bedarfssätzen für Kinder[9] besonders fragwürdig. Der Gesetzgeber verfolgte mit der Fixierung der Lebensverhältnisse das Ziel, dem berechtigten Ehegatten den Lebensstandard der Ehe — soweit möglich — zu erhalten[10], ihn andererseits an einer positiven Entwicklung der Lebensstellung des Verpflichteten auch

---
[6] § 7 B. III. 1.
[7] Auf die Bedarfsermittlung müssen sie jedoch, wie jede Art des Mehrbedarfs, Einfluß haben; vgl. bereits oben § 3 B. II. 2. b).
[8] Vgl. hierzu bereits oben § 2 B. III. 1. Fn. 26.
[9] § 3 Fn. 53 u. 55; § 4 Fn. 7.
[10] BT-Drs. 7/650, S. 136. Soergel / Häberle § 1578 Rz 4; Göppinger / Wenz Rz 679; Gernhuber FamR 30 X 1., S. 413 f.; AK-BGB-Derleder § 1578, Rz 2.

nicht mehr teilhaben zu lassen[11]. Während die letztere Intention rechtspolitisch durchaus sinnvoll ist und vom Strukturelement Bedarf auch ohne weiteres bewältigt werden kann, gilt für die erstere das Gegenteil. § 1578 Abs. 1 überfordert dieses Strukturelement insoweit, als mit der Abkoppelung des Unterhaltsanspruchs von der Dynamik der Lebensstellung des Verpflichteten das Grunddilemma des Unterhaltsrechts, nämlich die regelmäßig beschränkte Verteilungsmasse, nicht behoben werden kann. Sind keine gleichrangig konkurrierenden Kinder vorhanden, so wird der so gewonnene Vorteil auf der Ebene der Leistungsfähigkeit ohnehin nivelliert. Konkurrieren gemeinsame Kinder, so führt diese Fixierung zu den aufgezeigten Folgen gegenüber diesen, während der Verpflichtete aufgrund des ihm zustehenden Vorrangs[12] nie stärker betroffen wird. Daß der geschiedene Ehegatte im Abhängigkeitsgefüge eine stärkere Position einnehmen soll als in der intakten Familie, scheint mir nicht sinnvoll zu sein.

Angesichts der eindeutigen Formulierung des Gesetzes halte ich eine Abhilfe de lege lata nicht für möglich. De lege ferenda könnte die Problematik dadurch bewältigt werden, daß man den ehelichen Lebensverhältnissen nur noch die Funktion zuordnet, das Maß des Unterhalts nach oben zu begrenzen. Ansonsten sollten die Interdependenzen, die in einer intakten Familie bestehen[13], mit der Folge aufrechterhalten werden, daß eine Verschlechterung der wirtschaftlichen Situation des Verpflichteten auf den Anspruch des berechtigten Ehegatten durchschlägt[14]. Es wird keineswegs verkannt, daß damit die Intention des Gesetzgebers, dem geschiedenen Ehegatten den ehelichen Lebensstandard zu sichern[15], — im Ergebnis allerdings nur für die konkurrenzbedingten Mangelfälle — aufgegeben wird: Verschlechtert sich die wirtschaftliche Situation des Verpflichteten nicht, so ändert sich durch den Vorschlag nichts. Sind keine konkurrierenden Kinder vorhanden, beruht die Mangellage also allein auf den Einkommensverhältnissen des Verpflichteten, so ändert sich im Ergebnis ebenfalls nichts; die nach der geltenden Rechtslage im Rahmen der Leistungsfähigkeit durchzuführende Kürzung wird teilweise[16] auf die Bedarfsermittlung verlagert. Einzig die konkurrenzbedingten Mangelfälle erfahren eine auch im Ergebnis veränderte und — wie ich meine — gerechtere Behandlung, wie sich aus dem obigen Beispiel ergibt.

---

[11] Gernhuber FamR § 30 X 1., S. 413 f.; Soergel / Häberle § 1578 Rz 4 a. E.
[12] Vgl. oben Fn. 5.
[13] Vgl. oben § 2 B. III. 2.
[14] Sc. bis zur Untergrenze des notwendigen Unterhalts, vgl. oben § 2 A.; der volle oder angemessene Unterhalt könnte demnach zwischen dem notwendigen und dem den ehelichen Lebensverhältnissen entsprechenden schwanken.
[15] Vgl. oben Fn. 10.
[16] Bis zur Grenze des notwendigen Unterhalts.

Literaturverzeichnis

Alternativkommentar: Kommentar zum Bürgerlichen Gesetzbuch, Reihe Alternativkommentare, Bd. 5, Familienrecht, 1981, bearb. von Peter Derleder u. a. (zit.: AK-BGB-Bearbeiter).

Ambrock, Erich: Ehe und Ehescheidung, Kommentar, 1977 (zit.: Ambrock).

Bartsch, Herbert: Die Kosten für die angemessene Kranken- und Altersversicherung als Teil des Unterhalts nach der Ehescheidung (§ 1578 BGB), JZ 1978, 180.

Bastian, Günther / *Roth-Stielow,* Klaus / *Schmeiduch,* Dietmar: 1. EheRG, 1978 (zit.: Bearbeiter in Bastian / Roth-Stielow / Schmeiduch).

Baumbach, Adolf / *Lauterbach,* Wolfgang / *Albers,* Jan / *Hartmann,* Peter: Zivilprozeßordnung, 40. Aufl. 1982 (zit.: Baumbach / Bearbeiter).

Behr, Johannes: Praktische und rechtliche Probleme bei der Durchsetzung von Unterhaltstiteln, DAVorm 1981, 609, 711, 799 ff.

Beitzke, Günther: Familienrecht, 22. Aufl. 1981 (zit.: Beitzke FamR).

Blanke, Ernst August: Ausbildungsförderung und Unterhaltsrecht, FamRZ 1969, 394.

Bosch, Friedrich Wilhelm: Neue Rechtsordnung in Ehe und Familie, 1954 (zit.: Bosch, Neue Rechtsordnung).

— Volljährigkeit — Ehemündigkeit — Elterliche Sorge, FamRZ 1973, 489.

— Teil-Unmündigkeit trotz Volljährigkeit, in: Festschr. für Gerhard Schiedermair, 1976, S. 51 ff.

— Die Neuordnung des Eherechts ab 1. Juli 1977, FamRZ 1977, 569.

— Familiengerichtsbarkeit — Bewährung und weiterer Ausbau?, FamRZ 1980, 1.

— Weitere Reformen im Familienrecht der Bundesrepublik Deutschland?, FamRZ 1982, 862.

— Anm. zu OLG Hamm FamRZ 1982, 1215, FamRZ 1982, 1216.

Brüggemann, Dieter: Die Ansprüche der Mutter gegen den außerehelichen Schwängerer, FamRZ 1971, 140.

— Einige Bemerkungen zum Schuldnerverzug in der gesetzlichen Unterhaltspflicht, in: Festschr. für Friedrich Wilhelm Bosch, 1976, S. 89 ff.

— Ehegattenunterhalt während des Getrenntlebens und nach der Scheidung, in: 2. Deutscher Familiengerichtstag, S. 71 ff. (zit.: Brüggemann, 2. DFGT).

Brühl, Günter: Unterhaltsrecht, 2. Aufl. 1963.

— Verfassungswidrige Unterhaltsbenachteiligung volljähriger Kinder?, FamRZ 1982, 985.

Brühl, Günter / *Göppinger,* Horst / *Mutschler,* Dietrich: Unterhaltsrecht; Erster Teil: Das materielle Unterhaltsrecht, 3. Aufl. 1973 (zit.: Brühl / Göppinger / Mutschler).

Buchholz, Heinrich: Das Zusammentreffen mehrerer Unterhaltsberechtigter, Rpfleger 1948/49, 487.

Bürgle, Helmut: Die Stellungnahme des Bundesrates zum Entwurf 1973 eines Ersten Gesetzes zur Reform des Ehe- und Familienrechts, FamRZ 1973, 508.

Christian, Ingeborg: Gerechtigkeit durch (Unterhalts-)tabellen?, ZblJR 1982, 559.

Christl, Gerhard: Quotenunterhalt und Bedarfskontrolle, NJW 1982, 961.

Derleder, Annegret / *Derleder*, Peter: Kindesbetreuung und Ehegattenunterhalt, FamRZ 1977, 587.

— Persönliche Betreuung und Barunterhaltspflicht gegenüber Kindern, NJW 1978, 1129.

Derleder, Peter: Anm. zu BGH FamRZ 1980, 665, JZ 1980, 576.

Deutscher Familienverband — Bezirksverband München: Lebenshaltungskosten eines Kindes in der Bundesrepublik Deutschland, 12 Jahre alt, als Mittelwertvertreter für alle Kinder 0—18 Jahre, durchschnittlicher Lebensstandard, Stand Oktober 1978, DAVorm 1979, 267.

Deutsches Institut für Vormundschaftswesen (DIV): Anrechnung von Kindergeld (§§ 1615 g BGB, 4 RegU-VO) im Falle des Vorhandenseins weiterer, nicht gemeinsamer Kinder bei der Mutter und/oder beim Vater, DAVorm 1982, 31.

Dieckmann, Albrecht: Die Unterhaltsansprüche geschiedener und getrenntlebender Ehegatten nach dem 1. EheRG vom 14. Juni 1976, FamRZ 1977, 81, 161.

— Anm. zu OLG Düsseldorf FamRZ 1978, 613, FamRZ 1979, 334.

— Anm. zu OLG Celle FamRZ 1978, 814, FamRZ 1979, 137.

— Zur Bestimmung des Selbstbehalts ... eine Entgegnung, DAVorm 1979, 553.

— Der Selbstbehalt — Versuch einer systematischen Einordnung, in: 3. Deutscher Familiengerichtstag = Brühler Schriften zum Familienrecht, Bd. 1 (zit.: Dieckmann, 3. DFGT).

Diederichsen, Uwe: Ehegattenunterhalt im Anschluß an die Ehescheidung nach dem 1. EheRG, NJW 1977, 353.

— Unterhaltsrechtliche Folgen des Partnerwechsels: Rückkehr zum Verschuldensprinzip im Scheidungsfolgenrecht, NJW 1980, 1672.

Dölle, Hans: Familienrecht, Bd. 1 1964, Bd. 2 1965.

Dürig, Günter: Grundrechte und Zivilrechtsprechung, in: Vom Bonner Grundgesetz zur gesamtdeutschen Verfassung, Festschr. für Hans Nawiasky, 1956, S. 157 ff.

Ehlert, Günter: Progressionsgemäße Kindergeldaufteilung, FamRZ 1980, 647.

— Ehegattenunterhalt nach Tabelle FamRZ 1980, 1083; 1982, 131.

Engel, Siegfried: Der Rückgriff des Scheinvaters wegen Unterhaltsleistungen, 1974 (zit.: Engel).

Engelhardt, Hanns: Neues Unterhaltsrecht und frühere Scheidungen, JZ 1976, 576.

Engisch, Karl: Einführung in das juristische Denken, 7. Aufl. 1977 (zit.: Engisch).

Enneccerus, Ludwig / *Nipperdey*, Hans Carl: Allgemeiner Teil des Bürgerlichen Rechts, erster Halbbd., 15. Aufl. 1959 (zit.: Enneccerus / Nipperdey).

Erman, Walter: Handkommentar zum Bürgerlichen Gesetzbuch, früher herausgegeben von Walter Erman, 7. Aufl. 1981 (zit.: Erman / Bearbeiter).

Esser, Josef: Wandlungen von Billigkeit und Billigkeitsrechtsprechung im modernen Privatrecht, in: Summum ius, summa iniuria = Tübinger rechtswissenschaftliche Abhandlungen, Bd. 9, 1963, S. 27 ff.

— Grundsatz und Norm in der richterlichen Fortbildung des Privatrechts, 3. Aufl. 1974 (zit.: Esser, Grundsatz und Norm).

Ewert, Paula: Der Rechtsgrundsatz ‚in praeteritum non vivitur' im Deutschen und Französischen Recht. Eine rechtsvergleichende Darstellung. Diss. jur. München 1975 (zit.: Ewert).

Friederici, Peter: Sicherung der Altersrente des Berechtigten nach Versorgungsausgleich, NJW 1977, 2250.

Frisinger, Jürgen: Privilegierte Forderungen in der Zwangsvollstreckung und bei der Aufrechnung, 1967 (zit.: Frisinger).

— Anm. zu LG Mannheim NJW 1970, 56, NJW 1970, 715.

Fuchs, Maximilian: Die Einwirkung des Sozialrechts auf Unterhaltsansprüche nach der Ehescheidung, FamRZ 1982, 756.

Furler, Hans: Der Unterhaltsanspruch der geschiedenen Ehegatten, 1941 (zit.: Furler).

Gernhuber, Joachim: Die Schwägerschaft als Quelle gesetzlicher Unterhaltspflichten, FamRZ 1955, 193.

— Die Billigkeit und ihr Preis, in: Summum ius, summa iniuria = Tübinger rechtswissenschaftliche Abhandlungen, Bd. 9, 1963, S. 205 ff.

— Neues Familienrecht, 1977.

— Lehrbuch des Familienrechts, 3. Aufl. 1980 (zit.: Gernhuber FamR).

Göppinger, Horst u. a.: Unterhaltsrecht, 4. Aufl. 1981 (zit.: Göppinger / Bearbeiter).

Görres, P.: Die Kindergeldzurechnung für Kinder aus mehreren Ehen und die Heranziehung des Kindergeldanteils des Barunterhaltspflichtigen bei verminderter Zahlungsfähigkeit, DAVorm 1980, 883.

Gotthardt, Walter: Anm. zu LG Mönchengladbach NJW 1961, 878, NJW 1961, 878.

de Grahl, Malte: Die Berechnung bei der Verteilung des Mangels in der Zwangsvollstreckung (§§ 850 c ff. ZPO), DAVorm 1982, 1.

Grethlein, Gerhard Ludwig: Übergang von Unterhaltsforderungen, Diss. jur. Erlangen 1954.

Griesche, Gerhard: Übersicht über die Rechtsprechung zum neuen Unterhaltsrecht nach dem 1. EheRG, FamRZ 1981, 423, 841, 1025.

Gröning, Werner: Vorsorgeunterhalt und Elementarunterhalt, FamRZ 1982, 459.

Habscheid, Walter J.: Die Rechtsprechung zu den Folgen der Eheauflösung, FamRZ 1959, 319.

Hahne, Meo-Micola: Zur Rechtsprechung des Bundesgerichtshofs zum Kindesunterhalt, ZblJR 1982, 621.

Hampel, Herbert: Probleme des Altersvorsorgeunterhalts (§§ 1361 I S. 2, 1578 III BGB), FamRZ 1979, 249.

— Quotenunterhalt und voller Unterhalt des geschiedenen Ehegatten gemäß den ehelichen Lebensverhältnissen, FamRZ 1981, 851.

— Leitlinien der Familiensenate des Oberlandesgerichts Hamm zum Unterhaltsrecht, A. Einleitende Bemerkungen, FamRZ 1981, 1209.

— Unterhaltsrecht (Buchbericht über Göppinger u. a., Unterhaltsrecht, 4. Aufl. 1981), FamRZ 1982, 656.

Held, Philipp: Die Stellungnahme des Bundesrates zur Reform des Eherechts, FamRZ 1971 490.

Henrich, Dieter: Familienrecht, 3. Aufl. 1980 (zit.: Henrich FamR).

Henze, Gerhard: Fragen der Lohnpfändung, Rpfleger 1980, 456.

Hoffmann, Edgar / *Stephan*, Walter: Ehegesetz, Kommentar, 2. Aufl. 1968 (zit.: Hoffmann / Stephan).

v. Hornhardt, Rudolf: Differenz- oder Anrechnungsmethode bei der Berechnung des Ehegattenunterhalts, NJW 1982, 17.

— Versorgungsausgleich und nacheheliches Unterhaltsrecht, FamRZ 1979, 655.

Huvale, Victor: Gerechtigkeit durch Unterhaltstabellen? — aus der Sicht des Jugendamtes, ZblJR 1982, 577.

Jäger, Georg: Gerechtigkeit durch Unterhaltstabellen?, ZblJR 1982, 590.

Jansen, Ludwig / *Knöpfel*, Gottfried: Das neue Unehelichengesetz, 1967 (zit.: Jansen / Knöpfel).

Jung, Eberhard: Die Anrechnung von Kindergeld und anderen Vergünstigungen des Familienlastenausgleichs auf den Regelbedarf eines nichtehelichen Kindes nach § 1615 g BGB, Diss. jur. Gießen, 1971 (zit.: Jung).

— Zur Berücksichtigung sozialer Leistungen im privaten Unterhaltsrecht, insbesondere: Kindergeld etc. und Leistungsfähigkeit, FamRZ 1974, 173.

— Unterhaltspflichten und Ausbildungsförderung, FamRZ 1974, 513.

Kalthoener, Elmar / *Haase-Becher*, Inga / *Büttner*, Helmut: Die Rechtsprechung zur Höhe des Unterhalts, 2. Aufl. 1979 (zit.: Kalthoener / Haase-Becher / Büttner).

Kandler, Egon: Das Verhältnis des Prioritätsgrundsatzes zum § 850 d ZPO, NJW 1958, 2048.

Kemper, Roland: Ermittlung des Kindesunterhalts unter besonderer Berücksichtigung der „Düsseldorfer Tabelle" vom 1. 1. 1975, ZblJR 1975, 194.

— Zur Barunterhaltspflicht des sorgeberechtigten erwerbstätigen Elternteils, DAVorm 1979, 89.

— Zu den Auswirkungen der „Zählkindvorteil" — Rechtsprechung des Bundesgerichtshofs und des Landgerichts Detmold auf die Jugendämter, DAVorm 1981, 565.

Kleinheyer, G.: Das Verhältnis von Unterhaltsbeihilfe und Familienförderung zur gesetzlichen Unterhaltspflicht, FamRZ 1958, 402.

Kniebes, Sigrid: Das Erste Gesetz zur Reform des Ehe- und Familienrechts (1. EheRG), DRiZ 1976, 325.

Knopp, Anton / *Fichtner*, Otto: Bundessozialhilfegesetz, 4. Aufl. 1979 (zit.: Knopp / Fichtner).

Köhler, Wolfgang: Handbuch des Unterhaltsrechts, 5. Aufl. 1980 (zit.: Köhler, Handbuch).

— Anm. zu OLG München FamRZ 1980, 284, FamRZ 1980, 618.

Körting, E.: Die Ansprüche der Mutter des nichtehelichen Kindes gegenüber dessen Vater, MDR 1971, 263.

Kropholler, Jan: Die Stellung des Unterhaltszweitschuldners, FamRZ 1965, 413.

Künkel, J.: Zur Interpretation des § 1603 Abs. 1 BGB, NJW 1961, 642.

Lange, Hermann: Die Folgen der Ehescheidung im Entwurf eines Ersten Gesetzes zur Reform des Ehe- und Familienrechts (1. EheRG), FamRZ 1972, 225.

— Zum Entwurf eines Ersten Gesetzes zur Reform des Ehe- und Familienrechts (1. EheRG) v. 1. 6. 1973, FamRZ 1973, 580.

— Das neue Eherecht, JuS 1976, 684.

Larenz, Karl: Methodenlehre der Rechtswissenschaft, 3. Aufl. 1975 (zit.: Larenz, Methodenlehre).

— Lehrbuch des Schuldrechts, Band 1, Allgemeiner Teil, 13. Aufl. 1982 (zit.: Larenz SchuldR).

Limbach, Jutta: Das Verhältnis von Familie und Beruf im Unterhaltsrecht nach der Scheidung, NJW 1982, 1721.

Lucke, Doris: Soziologische Aspekte des Problems der „sozialen Gleichwertigkeit" von „ehelichen Lebensverhältnissen" und nachehelicher Erwerbstätigkeit in der Angemessenheitsklausel (§ 1574) des neuen Scheidungsrechts (1. EheRG), FamRZ 1979, 373.

— Die angemessene Erwerbstätigkeit im neuen Scheidungsrecht, 1982 (zit.: Lucke).

Lüderitz, Alexander: Die Rechtsstellung ehelicher Kinder nach Trennung ihrer Eltern im künftigen Recht der Bundesrepublik Deutschland, FamRZ 1975, 605.

Lüdtke-Handjery, Christian: Zur Anrechnung von Kindergeld auf Unterhaltsansprüche, NJW 1975, 1635.

Luthin, H.: Anm. zu OLG Karlsruhe FamRZ 1983, 85 u. OLG Düsseldorf FamRZ 1983, 86, FamRZ 1983, 86.

Mager, Siegfried: „Nürnberger Tabelle" — Raster zur Ermittlung des Lebensbedarfs im Rahmen gesetzlicher Unterhaltsverhältnisse, DAVorm 1979, 251.

Massfeller, Franz / *Böhmer*, Christoph: Das gesamte Familienrecht, Bd. 1: Das innerstaatliche Recht der Bundesrepublik Deutschland (zit.: Massfeller / Böhmer).

Maunz, Theodor / *Dürig*, Günter / *Herzog*, Roman / *Scholz*, Rupert: Grundgesetz, Kommentar (zit.: Maunz / Dürig / Herzog / Scholz).

Mertes, H.: Zählkindvorteil und Regelunterhalt, Rpfleger 1982, 129.

Morawietz, Wolfgang: Kindergeld bei nachgeborenem Zählkind, FamRZ 1977, 373.

— Anm. zu OLG Düsseldorf FamRZ 1977, 203, FamRZ 1977, 546.

Moritz, Heinz Peter: Dauer und Höhe des zivilrechtlichen Unterhaltsanspruchs Auszubildender, JZ 1980, 16.

Motive: Motive zu dem Entwurf eines Bürgerlichen Gesetzbuchs für das Deutsche Reich, Bd. IV Familienrecht (zit.: Mot. IV).

Müller, Josef: Kindergeld und Unterhalt, MDR 1979, 724.

Müller-Freienfels, Wolfram: Ehe und Recht, 1962.

— Zur Unterschätzung der Überschätzungen unterhaltsrechtlicher Steigerungsmöglichkeiten, in: Festschr. für Günther Beitzke, 1979, S. 311 ff.

Mümmler, A.: Berücksichtigung des Kindergeldes bei der Berechnung des Regelunterhaltsbetrags, JurBüro 1977, 304.

Münchener Kommentar zum Bürgerlichen Gesetzbuch, hrsg. von Kurt Rebmann u. Franz-Jürgen Säcker, 1978 ff. (zit.: MünchKomm-Bearbeiter).

Mutschler, Dietrich: Zur Bemessung des Bedarfs in Unterhaltssachen, FamRZ 1972, 345.

— Anm. zu OLG Stuttgart FamRZ 1978, 724, FamRZ 1978, 726.

Novotny, Franz: Kein Zählkindvorteil bei Unterhalt für eheliche Kinder — eine gerechte Lösung?, DAVorm 1981, 529.

Odersky, Felix: Welchen Einfluß hat § 12 Abs. 4 des Bundeskindergeldgesetzes bei Anrechnung des Kindergeldes auf den Regelbedarf des nichtehelichen Kindes gem. § 1615 g BGB?, Rpfleger 1974, 41.

— Nichtehelichengesetz, 4. Aufl. 1978 (zit.: Odersky).

Palandt, Otto: Bürgerliches Gesetzbuch, bearb. von Peter Bassenge u. a., 42. Aufl. 1983 (zit.: Palandt / Bearbeiter).

Paulus, Joachim: Der Anspruch des getrennt lebenden oder geschiedenen Ehegatten auf Ausbildungsunterhalt im Verhältnis zur Ausbildungsförderung nach dem Bundesausbildungsförderungsgesetz, FamRZ 1981, 640.

Puls, Jutta: Unterhaltsansprüche minderjähriger Kinder und Eltern und Volljähriger gegen ihre Eltern, DAVorm 1975, 561.

— Unterhaltsbedarf Minderjähriger — von Richtern des FamG Hamburg entwickelte Grundsätze, DAVorm 1978, 73.

— Zur Höhe des Unterhalts des ehelichen Kindes, in: 2. Deutscher Familiengerichtstag, S. 114 ff.; teilweise veränderte Fassung in: DAVorm 1979, 727 (zit.: Puls, 2. DFGT).

— Gerechtigkeit durch Unterhaltstabellen? ZblJR 1982, 603.

Rassow, Walter: Höchstgrenzen für Zuschläge zum Regelunterhalt?, FamRZ 1971, 628.

— Der angemessene Unterhalt von Ehegatten und Kindern, FamRZ 1980, 541.

Redaktoren-Motive: Materialien zum Bürgerlichen Gesetzbuch, I. Kommission, Redaktoren-Motive nebst Vorlagen, Familienrecht, Bd. II (zit.: Red.-Mot.).

Reichsgerichtsrätekommentar: Das bürgerliche Gesetzbuch mit besonderer Berücksichtigung der Rechtsprechung des Reichsgerichts und des Bundesgerichtshofs, 11. Aufl. 1959 ff., hrsg. von Reichsgerichtsräten und Bundesrichtern (zit.: RGRK-Bearbeiter, 11. Aufl.), 12. Aufl. 1974 ff. (zit.: RGRK-Bearbeiter.

Rolland, Walter: Das neue Ehe- und Familienrecht: 1. EheRG; Kommentar zum 1. Eherechtsreformgesetz, 2. Aufl. 1982 (zit.: Rolland).

Roth-Stielow, Klaus: Die Konkurrenz zwischen Ansprüchen ehelicher und unehelicher Kinder gegen denselben Vater, FamRZ 1954, 103.

— Betreuung volljähriger Kinder und Unterhaltsanspruch, NJW 1982, 425.

— Verfassungswidrige Benachteiligung volljähriger Kinder, ZblJR 1982, 331.

— Strafhaft als Unterhaltsschuldner-Schutz, NJW 1982, 2853.

Ruland, Franz: Die Beziehungen zwischen familiärem Unterhalt und Leistungen der sozialen Sicherheit, FamRZ 1972, 537.

— Familiärer Unterhalt und Leistungen der sozialen Sicherheit, 1972 (zit.: Ruland).

Ruland, Franz / *Tiemann*, Burckhard: Versorgungsausgleich und steuerliche Folgen der Ehescheidung, 1977 (zit.: Ruland / Tiemann).

Scheyhing, Robert: Anm. zu SchlHOLG SchlHA 1963, 53, SchlHA 1963, 98.

Schlüter, Wilfried: Unterhaltsrecht — eine noch ungelöste Aufgabe für den Gesetzgeber, in: Praxis des neuen Familienrechts, 1978, S. 241 ff. (zit.: Schlüter).

Schmidt, Eike: Normzweck und Zweckprogramm, in: Dogmatik und Methode, Josef Esser zum 65. Geburtstag, hrsg. v. Roland Dubischar u. a., 1975.

Schmitz-Pfeiffer, Ulrich: Familienlastenausgleich und unterhaltsrechtliche Leistungsfähigkeit des Anspruchsberechtigten, ZblJR 1973, 254.

Schreiber, J.: Anm. zu LG Köln NJW 1953, 305, NJW 1953, 631.

Schwab, Dieter: Der Unterhaltsanspruch gegen die Eltern auf Ausbildungsfinanzierung und sein Verhältnis zur öffentlichen Ausbildungsförderung, FamRZ 1971, 1.

— Handbuch des Scheidungsrechts, 1977 (zit.: Schwab, Handbuch).

— Zur Sättigungsgrenze beim Unterhalt geschiedener Ehegatten, FamRZ 1982, 456.

Schwemer, Holger: Der Anspruch auf Ausbildungsfinanzierung durch die Eltern gemäß § 1610 II BGB. Diss. jur. Hamburg 1976 (zit.: Schwemer).

Soergel: Bürgerliches Gesetzbuch, 10. Aufl., 1969 ff. (zit.: Soergel / Bearbeiter, 10. Aufl.), 11. Aufl., 1978 ff. (zit.: Soergel / Bearbeiter).

Spangenberg, Ernst: Richtlinien für die gleichmäßige Verteilung der zum Unterhalt verfügbaren Mittel, DAVorm, 1980, 769.

— Die gleichmäßige Verteilung des Kindergeldes, DAVorm 1981, 99.

Staudinger: Staudingers Kommentar zum Bürgerlichen Gesetzbuch, 10./11. Aufl., 1952—1978 (zit.: Staudinger / Bearbeiter).

Stein, Friedrich / *Jonas*, Martin: Kommentar zur Zivilprozeßordnung, 19. Aufl., 1972—1975.

Stephan, Heinz: Leitlinien für die Bemessung des Unterhalts bei Getrenntleben und bei Scheidung, hier: Diskussion der Leistungsfähigkeit der Unterhaltspflichtigen, ZfSH 1981, 297.

Stöber, Kurt: Förderungspfändung, 6. Aufl., 1981 (zit.: Stöber).

Streck, Michael: Generalklausel und unbestimmter Rechtsbegriff im Recht der allgemeinen Ehewirkungen, 1970 (zit.: Streck, Generalklausel und unbestimmter Rechtsbegriff).

Tempel, Peter: Die Berücksichtigung von Sozialversicherungs- und Kindergeldleistungen im Unterhaltsrecht, Diss. jur. Tübingen 1973 (zit.: Tempel).

Udsching, Peter: Versorgung und Unterhalt nach der Scheidung — eine Analyse der Interdependenzen von Versorgungsausgleich und Geschiedenenunterhalt nach dem 1. EheRG, Diss. jur. Göttingen 1979 (zit.: Udsching).

Vogel, Harald: Einzelprobleme zum Unterhaltsrecht, AnwBl 1979, 85.

Weychardt, Dieter: Ein Vergleich der neuen Düsseldorfer Tabelle mit den Hammer Leitlinien zum Unterhaltsrecht unter besonderer Berücksichtigung der Rechtsprechung des ersten Senats für Familiensachen des Oberlandesgerichts Frankfurt am Main, DAVorm 1979, 145.

— Zur Bestimmung des Selbstbehaltes aus der Sicht des Praktikers, DAVorm 1979, 321.

— Zum Verständnis der Anm. 1 der „Düsseldorfer Tabelle", DAVorm 1980, 187.

— Zur Frankfurter Unterhaltsrechtsprechung, DAVorm 1980, 607, 673.

— Anm. zu BGH DAVorm 1980, 908, DAVorm 1980, 914.

— Anm. zu LG Detmold DAVorm 1981, 463, DAVorm 1981, 464.

Wickenhagen, Ernst / *Krebs*, Heinrich: Bundeskindergeldgesetz, 1975 ff., Bd. 2 (zit.: Wickenhagen / Krebs, BKGG).

Zöllner, Wolfgang: Die Verwendung der Einkünfte des Kindesvermögens, FamRZ 1959, 393.

Zusammenstellung der erwähnten Verfahren zur Unterhaltsbemessung:

Berlin: Berliner Tabelle, KG DAVorm 1977, 289; abgedr. bei Kalthoener / Haase-Becher / Büttner, Rz 56 ff.

Celle: Leitlinien der Familiensenate des Oberlandesgerichts Celle für die Bemessung des Unterhalts, FamRZ 1982, 131 (zit.: Leitlinien OLG Celle).

Düsseldorf: Düsseldorfer Tabelle, FamRZ 1978, 854; 1981, 1207.

Ehlert, Günter: Ehegattenunterhalt nach Tabelle, FamRZ 1980, 1083; 1982, 131.

Frankfurt: Die Düsseldorfer Tabelle nach Frankfurter Praxis, FamRZ 1982, 240.

Hamburg: Unterhaltsbedarf Minderjähriger — von Richtern des Familiengerichts Hamburg entwickelte Grundsätze, DAVorm 1978, 74.

Hamm: Leitlinien der Familiensenate des Oberlandesgerichts Hamm zum Unterhaltsrecht, FamRZ 1981, 1209 (zit.: Hammer Leitlinien).

Heidelberg: Heidelberger Bedarfstabelle 1979 des Deutschen Instituts für Vormundschaftswesen, DAVorm 1979, 721.

Kassel: Rundschreiben der Familienrichter beim Amtsgericht Kassel — Betr.: Neufestsetzung des notwendigen und angemessenen Mindestbedarfs bei Unterhaltsansprüchen ab 1. Januar 1980, DAVorm 1980, 187 (zit.: Kasseler Tabelle).

Köhler, Wolfgang: Handbuch des Unterhaltsrechts, 5. Aufl. 1980, S. 240.

Köln: Unterhaltsrichtlinien der Familiensenate des Oberlandesgerichts Köln, FamRZ 1982, 100.

Nürnberg: „Nürnberger Tabelle" — Raster zur Ermittlung des Lebensbedarfs im Rahmen gesetzlicher Unterhaltsverhältnisse, DAVorm 1979, 251, NJW 1981, 965.

Rassow, Walter: Der angemessene Unterhalt von Ehegatten und Kindern, FamRZ 1980, 541, 545.

Spangenberg, Ernst: Richtlinien für die gleichmäßige Verteilung der zum Unterhalt verfügbaren Mittel, DAVorm 1980, 769.

Stuttgart: Unterhaltsrechtliche Hinweise des Oberlandesgerichts Stuttgart, FamRZ 1982, 354; 1983, 19.

Printed by Libri Plureos GmbH
in Hamburg, Germany